젠더를 바꾼다는 것

젠더를 바꾼다는 것

트랜스젠더 모델
먼로 버그도프의 목소리

먼로 버그도프
지음

송섬별
옮김

젠더를 바꾼 다는 것

TRANSITIONAL

북하우스

추천의 말

강동성심병원 LGBTQ+센터

김결희(성형외과 전문의)

"교수님, 사람들이 저희 트랜스젠더들을 게이랑 자주 헷갈려 하잖아요. 사실은 저도 그랬어요. 제가 여성이라는 정체성을 깨닫기 전까지는요. 남자에게 끌리는 것을 보니 나는 게이구나 생각했는데……오히려 그 관계에서 제 정체성을 깨달을 수 있었어요. 나는 이 사람을 남자로서가 아니라 여자로서 사랑하고 싶구나."

진료실에서 환자분들에게 종종 들을 수 있는 이야기이다. 아마도 정체성에 대해 어떠한 것이든 확실한 하나의 답을 얻고 싶어했던 인지적 종결 욕구가 발휘되었기 때문일 테다. 하지만 그 모호함을 견디고 오랜 고민 끝에 진정한 나다움을 찾아가시는 환자분들을, 비록 그것이 세상의 편견과 맞서는 일일지라도 뚜벅뚜벅 걸어가시는 그 모습을 나는 존경한다.

100명의 트랜스젠더가 있다면 100개의 트랜지션이 있다. 기존의 많은 자전적 서사에서 흔히 그리듯 모든 트랜스젠더가 정체성을 깨닫는 유레카의 순간이 있거나, 어릴 때부터 바비인형 또는 로봇에만 선택적으로 애착을 갖지 않는다. 이러한 이분법적, 확정적 설명이 시야가 제한된 대중에게는 트랜스젠더의 존재를 한눈에 이해시키기에 쉬운 전략일 수 있다. 그러나 흑백사진으로는 총천연색의 다양성을 모두 표현해낼 수는 없듯이 이러한 단순한 접근은 대중의 이해가 궁극적으로 어디까지 갈 수 있는가에 영향을 미친다.

그래서 이 책이 반갑다. 게이에서 드래그, 트랜스젠더로. 동성애, 이성애에서 범성애로. 이 책에서 먼로는 모호함 속을 유영한다. 먼로에게 트랜지션이란 비자발적 정체성을 끊어내고 진화하는 자기 발견의 여정이다. 또한 그녀의 트랜지션은 성별 정체성이나 성적지향에만 국한되지 않는다. 책장이 넘어가며 그녀는 술과 마약, 불안과 우울에 둘러싸인 어두운 방 안의 은둔자에서 대기업을 정면 비판하며 사람들에게 영감을 주는 활동가로 변화한다.

이 책에는 읽는 나조차도 가슴이 아려오는 그녀의 과거 상처들이 담겨 있다. 그러나 당당히 자신이 불완전하다고 말할 수 있는 용기에서 나는 그녀가 얼마나 자신의 존재 가치를 믿고 있는지 느낄 수 있었다. 그녀는 과거의 혼란을 담담히 드러내며 그 취약성들이 한 겹, 한 겹 쌓여 현재 그녀의 단단함을 떠받치는 발판이 되어가는지 보여준다.

이 책은 트랜지션이 우리 모두에게 일어나는 보편적인 일이라고 이야기한다. 꼭 성별 정체성이 아니라도 지금 당신 또한 삶의 모호함에 압도되어 있을지도 모른다. 그러나 우리는 무한한 변화의 가능성을 품고 있다. 모호함을 품고 세상 그리고 나 자신과의 진실한 교감을 멈추지 말자. 우리에게는 끊임없는 자기발견, 트랜지션이 필요하다. 변하지 않는 유일한 것은 '변한다'는 사실뿐이기에.

세라 아바 페르시를 추모하며

사랑의 진실을 알려주어서 고마워.

내가 받아 마땅한 사랑,

타인들이 받아 마땅한 사랑,

내가 나에게 빚진 사랑.

우리 둘 다를 위해 이 삶을 꼭 살아갈게.

차
례

일러두기

1. 단행본 제목은 겹낫표(『 』), 기사·단편 제목은 홑낫표(「 」), 신문·잡지·영화·드라마 제목은 홑화살(〈 〉)로 표기했다.
2. 이 책의 각주는 모두 옮긴이주다.

들어가며

때로, 그리 자주는 아니지만 이따금, 스스로에게 묻곤 한다. 내가 아무것도 하지 않았더라면 어떻게 되었을까? 태어날 때 지정받은 성별과 주변 사람들을 흐뭇하게 하는 뻔한 거짓말 사이의 연옥에 여전히 처박혀 있었더라면 어떻게 되었을까? 얼마나 버틸 수 있었을까? 만약 내가 아무런 개입도 하지 않고 삶이 그저 펼쳐지게 내버려두었더라면 무슨 일이 일어났을까? 지속 가능한 대안적 행복을 찾기까지 얼마나 오랜 시간이 걸렸을까? 행복이 그 얼굴을 보여주기는 했을까, 아니, 엉킨 실타래를 풀어낼 수 있기는 했을까?

그 시절의 내가 진짜 나를 찾아나서지 않았더라면, 지금 나는 어떤 사람이 되어 있을까?

트랜지션을 후회한 적이 한 번이라도 있었다는 말을 하려는 게 아니다. 트랜지션은 내가 감히 상상할 수 있었던, 유일하면서도 가장 용감한 자기 사랑의 행위였다. 오늘의 나는 수줍음 많고 초조해하던, 텅 빈 캔버스 같던 괴거의 나와는 완전히 다른 사람이다. 그러나 내가 갈림길에서 다른 길을 택했더라면 어떤 일이 일어났을지를 생각해보지 않을 수 없다. 뻔한 거짓말로 쭉 버틸 수는 없었을 거다. 난 원래 그런 종류의 비밀을 지키는 데는 소질이 없었다. 이중생활에 매력을 느낀 적도 없었다. 무엇보다 나 아닌 사람으로 한참을 살아온 뒤이니 말이다. 난 늘 모 아니면 도를 선택하는 여자였다.

보통 정신의 속도를 따라잡으려다 몸이 기진맥진해진, 가장 지친 순간에 이런 생각을 떠올리게 된다. 나는 무의식중에 육체적으로도 정신적으로도 준비되지 않은 정서적 한계 너머까지 나를 밀어붙이는 경향이 있기에, 이런 생각들은 탈진한 두뇌 속에, 떠도는 마음속에 차곡차곡 쌓이곤 한다.

내게 트랜지션이라는 결정은 삶을 바꾸는 것이 아니라 바로잡는 것이었다. 우리는 우리가 트랜스라는 사실을 알아차리자마자 별안간 딴사람으로 변해버리는 게 아니다. 내면의 나와 일치하는 방식으로 자신을 드러내기 시작하자마자 딴사람이 되는 것도 아니다. 그저 남들이 처음 우리를 인식하던 것과는 다른 방식으로 우리를 바라보게 된다는 것만으로 변하는 것도 아니다. 그리고 나의 트랜지션을 둘러싼 생각들을 숙고하다 보니, 트랜지션은 인간의 경험에 깊이 각인된 것임을 알게 됐다. 트랜지션, 곧 전환은 오로지 트랜스젠더만 겪는 것이 아니다. 트랜지션은 보편적이다. 우리 모두가 하는 일이다.

트랜지션이란 보이지 않는 것과 실체적인 것을 일치하도록 만드는 일이고, 진실이 수면 위로 드러나는 일이다. 나는 이 일이 인간 조건의 가장 근원적이고도 필수적인 측면 중 하나라고, 또, 우리가 누구건 간에, 의식을 지닌 존재로서 경험하는 것들의 일부라고 믿는다. 사람인 이상, 우리 모두 시간이 지나며 발전한다. 우리 모두 트라우마, 교훈, 그리고 트랜지션의 순간을 마주하며, 이 순간들은 우리를 형성하는 데 그치지 않고 맥락을 만들어내고, 우리가 치유된 뒤에는 우리의 차이가 우리를 하나로 만든다는 공통된 이해에 다가갈 수 있게 해준다. 우리는 서로 다르다고 믿는 경향이 있지만 사실 우리는 그만큼 다르지 않다.

자신을 어떻게 정체화하더라도, 완전히 다른 모습으로 변하는 사람도, 영영 똑같은 모습으로 머무르는 사람도 없다. 우리 모두 트랜지션한다. 트랜지션은 우리를 분리하는 대신 하나로 묶는다. 여기서 말하는 트랜지션이 어린이가 청소년이 되는 변화건, 우리의 섹슈얼리티, 젠더, 우리가 사랑과 맺는 관계, 인종 정체성, 개인적 목적에서 일어나는 변화건, 우리 삶의 모든 측면은 전환을 겪는다. 만약 우리가 이 전환적 사고를 삶에 적용할 수 있다면 자기 안에 있는 내적 장벽은 물론 서로를 가르는 외적 장벽 역시도 무너뜨리기 시작할 수 있을 것이다. 개인 차원에서도, 세계적 의식을 구축하기 위해서도 이는 모두에게 도움이 되는 일이다.

모든 사람이 타인이 나를 어떻게 바라볼지 걱정한다. 그런데 역으로, 어떤 사람이 우리가 인식하는 그 사람이 아닐 수 있다는 생각은 셰익스피어에서부터 리처드 커티스의 영화에 이르기까지, 〈코로네이션 스트리트Coronation Street〉에서 〈루폴의 드래그 레이스RuPaul's Drag Race〉에 이르기까지 꾸준한 이야깃거리가 되어온 서사다. 그런데 왜 우리는 인간의 전환에 이토록 집착하는 걸까? 어째서 누군가가 보이는 모습 그대로라는 (혹은 그와 다르다는) 개념을 놓고 이토록 많은 시간과 공간을 투여하며 창조적인 이야기를 만들어온 걸까? 그건 누군가가 변화하고 진화하는 모습을 지켜볼 때 우리가 비로소 상대를 실제로 얼마나 잘 아는지를 자문하기 때문일 것이다. 나아가 우리는 자신을 진정으로 얼마나 잘 알고 있는지도 자문하게 된다.

나는 사람들이 사회적으로 용인되는 다른 전환의 서사와 젠더 트랜지션을 다를 바 없이 받아들이는 날이 오기를 기다린다. 많은 이들에게 트랜지션은 일종의 성장 서사다. 여자아이가 성인 여성이 되고, 남자아이가 성인 남성이 되고, 교육 실습생이 선생이 되는 것과 다르지 않다. 어떤 방식으로건, 우리는 모두 트랜지션한다. 트랜지션이란 그저 자기 발견이니까. 다른 점이 있다면 그 발견이 매혹된 관중들과 방해자들, 우리를 믿지 않는 사람들 눈앞에서 이루어진다는 것뿐이다.

어쩌면 사회가 트랜스젠더의 트랜지션을 이토록 받아들이기 어려워하는 건 시각적으로 드러나기 때문인지도 모르겠다. 다른 전환들은 대부분 그만큼 뚜렷이 보이지 않으니까. 살아오면서 나는 구경거리가 된 기분을 느껴야만 할 때가 있었고, 이런 순간들은 내게 트라우마를 남겼다. 그래서, 때로 스스로에게 이렇게 묻곤 했다. 내가 아무것도 하지 않았더라면 어땠을까? 아무런 개입도 하지 않고 삶이 그저 펼쳐지게 내버려두었더라면 어땠을까? 그리고 이런 질문들에 답하자면, 난 나 자신을 전혀 이해하지 못했을 것이다. 그건 나 자신을 알아가는 과정에 참여하기를 거부했다는 의미이므로.

이 책은 곤혹을 헤쳐나가는 일에 관한 책, 우리 모두가 트라우마로부터 전환했음을 말하는 책이다. 독자인 여러분 역시도 이런 경험이 있을 것이고, 어쩌면 트라우마 이전과 이후의 자신을 떠올리며 고통스러운 일들을 겪은 뒤 변화한 자기 모습을 그려볼 수 있을지도 모르겠다.

사회는 우리에게 다른 사람이 되고 싶은 마음을 품으라고, 지난 일들을 무의식 속에 안전하게 집어넣으라고 압력을 가한다. 우리의 무의식은 아무리 노력해도 도저히 품고 갈 수 없는 곤혹스러운 비밀, 트라우마, 실수와 상실감을 전부 집어넣은 채 절대 들어가지 않는 방이 된다. 무의식은 영혼의 다락방이자 불편한 진실을 넣어둔 창고다. 그러나 한편으로, 무의식은 살아가는 내내 끊임없이 전환을 겪고자 하는 우리의 욕구와 욕망을 이해하는 정신의 한 부분일 수도 있다. 우리 중 대다수는 그저 우리의 내면 어느 한 부분이 삶을 살아가는 동안 편안함을 느낄 수 있기를 바란다. 한 발은 다락방에, 다른 한 발은 거실에 둔 채 존재하지 않기를 바란다.

우리 영혼의 모든 방, 모든 문은 언제나 열려 있어야 한다. 영혼과 정신이 건강하고 행복한 집에서 살아가려면 햇빛과 바람이 마음껏 드나들 수 있어야 하니까. 내 삶의 가장 어려운 시기, 가장 어둡고 가장 막막하던 순간에 나는 나 자신을 가장 잘 알게 되었다. 내가 가진 강인함, 회복 탄력성, 인내심, 결단력은 모두 치열한 자기 작업의 산물이다. 이런 특성들은 내가 나의 사고방식에 도전하는 내내 여러 번 도움이 되었다. 전환하는 과정에서 우리 모두 더 강해진다. 한 지점에서 다른 지점으로 옮겨가면서, 우리는 정직함과 공감에 더더욱 가까워진다.

사 춘 기

어린 시절 나는 종종 집을 뛰쳐나오곤 했다. 어떤 때는 동네 공설 운동장까지 가는 게 고작이었는데, 우리 집이 보일 정도로 가까운 곳이었는데도 그 시절에는 아주 먼 곳처럼 느껴졌다. 보통은 내가 없어진 걸 누가 알아차리고 걱정하기도 전에 집으로 돌아갔다. 나는 여덟 살이었고, 이곳에 존재하고 싶지 않다고 해서 도망치는 게 현실적인 답은 아니라는 걸 이미 알았다. 그런데도 그 뒤로 몇 번이나 더 도망쳤다. 나이가 들수록 더 멀리 도망쳤고, 집을 떠나 있는 시간도 길어졌으며, 내가 있어야 할 곳에 대한 고민도 더 커졌다.

집에서 독립한 지 한참 지난 뒤에도 나는 자꾸만 도망치려 했다. 그중에는 나를 죽일 뻔한 시도들도 있었다. 사실, 자기를 사랑할 수 없는 사람에게는 모든 것이 도망치려는 시도다. 그러다 우리가 진정한 자아를 향해 전환한 뒤에는 도망치기를 그만둔다.

◦ ◦ ◦

엄마는 절대 인정할 리 없겠지만 사실 엄마는 남 이야기를 좋아하는 사람이었는데, 안타깝게도 우리 가족이 살던 에식스 구석의 심심하기 짝이 없는 동네에는 이렇다 할 이야깃거리도 없었다. 어린 시절 내가 살던 곳은 그림 같은 풍경 속에 중상류층 주민들이 모여 사는 스탠스테드 마운트피쳇이라는 동네였다. 숲과 자연보호 구역, 들판으로 둘러싸인 잉글랜드 남동부의 노르만 마을이다. 이제 와 생각하면 1990년대엔 백인 영국인 엄마와 자메이카 출신 흑인 아버지가 있는 우리 가족이야말로 남들의 이야깃거리가 아니었나 싶다.

나는 늘 엄마가 잘생긴 여성이라 생각했다. 훤칠한 키에 누가 봐도 자신감이 넘치고 행동거지가 대담한 엄마는 어디서나 존재감을 뽐냈다. 특유의 버밍엄 억양이 모습을 드러내기도 전에 먼저 들려오곤 했다. 타고 난 불꽃처럼 새빨간 머리카락에 채도 낮은 금발로 하이라이트를 넣어 살짝 부드러운 느낌을 주었고,

그 머리를 짧은 픽시 스타일로 깎아 두드러진 광대뼈가 더욱 돋보이던 엄마는 엄격한 표정을 짓다가도 순식간에 온화해질 수 있었다. 엄마가 지닌 단단함과 부드러움은 늘 예측할 수 없었는데, 유동적이면서도 타협을 모르는 방식으로 그러했다. 다른 집 엄마들과는 옷차림도 행동도 달랐다. 그 시절의 내가 했을 법한 표현을 빌자면 엄마는 '톰보이인데 어른일 뿐'이었다. 당신 특유의 암묵적인 방식으로 여성에게 기대되는 외모와 행동을 거부했다는 점이 내가 가장 사랑하는 엄마의 면모였다.

엄마는 마케팅 분야에서 일했고 아버지는 목수였다. 두 분 모두 노동계급 출신이었으며, 그렇기에 성실히 일한 끝에 범죄율이 낮고 잘 가꾼 잔디 위에 세미 주택*들이 아기자기하게 늘어서 있고 좋은 학군과 푸르른 시골 풍경을 지닌 하트퍼드셔 경계의 이 조용한 교외 마을에 정착할 수 있었다. 모두가 서로를 알고 지냈고 낮이면 현관문도 잠그지 않는, 공동체 감각을 갖춘 마을이었다. 어쩌면 그건 모두가 남의 일에 간섭한다는 의미였는지도 모르겠다. 부모님은 나와 네 살 어린 남동생을 위해 런던으로 출퇴근하고 장시간 노동을 하며 온 힘을 다해 희생했다. 다른 아이였더라면 스탠스테드에서 목가적인 어린 시절을 보낼

---

* 한쪽 벽면이 옆집과 붙은 형태의 주택.

수 있었으리라.

∘ ∘ ∘

청소년기adolescence라는 명사는 '무르익다', 또는 '자라다'라는 뜻을 지닌 라틴어 adolescere에서 나온 것이다. 갓난아기 때 우리의 경험 대부분은 주변 환경으로부터 정보를 흡수하는 데 쓰인다. 눈에 보이는 것을 이해하려 애쓰고 환경에 빠른 속도로 적응한다. 그러다가 어린 시절이라는 안전한 번데기 바깥으로 나오기 시작한다. 아직은 스스로 정보를 찾고, 자신만의 관점으로 비판하는 법을 배우기 전이다. 부모는 자신들의 믿음, 도덕과 선입견에 따라 우리의 인식을 감시한다. 그러나 청소년기에 가까워지며 우리는 여태까지 살았던 짧은 삶에서 처음으로 비판적으로 사고하고 주변의 세계에 의문을 제기하고 서로의 문화와 경험으로부터 배움을 얻도록 고무된다. 자신만의 관점은 어휘와 마찬가지로 아직 완성되지 않았으나 본능은 존재하기에, 이때 비자발적 정체성—사회가 우리에게 부여하는 것—과 타고난 특성—우리가 본질적으로 어떤 사람인가 하는 것—사이에 충돌이 일어난다.

그러나 여러 가지 의미에서 청소년기야말로 내가 진정한 나로부터, 다시 말해 (부모님뿐 아니라) 사회가 간섭하기 이전의 나로부터 처음으로 떨어져나온 시기이자, 나에게 내가 무엇이 되어야 하며 무엇이 되어서는 안 되는지 말하기 시작한 시기라는 생각이 든다. 더없이 행복하고 검열이 존재하지 않던 무구한 어린 시절이 떠나가고 그 자리가 남들과 어울리고 싶고, 또래로부터 인정받고 싶고, 자신만의 길보다는 남들이 기대하는 길을 걷고 싶다는 압도적인 욕망으로 채워진다.

우리는 모두 태어나자마자 갖가지 요소들에서 비롯된 비자발적 정체성을 지닌다. 인종, 계급, 젠더, 섹슈얼리티에 더해 종교나 정치 같은 부모나 양육자들의 특정한 요구가 그 요소들이다. 예를 들어 내 정체성을 포괄하는 상위 집단은 여성, 흑인, 영국인이 될 수 있고, 그것들이 내가 타인들과 공유하는 정체성이다. 그러나 내 고유한 정체성은 나 개인의 선택, 감정, 그리고 그 속에 담긴 미묘한 뉘앙스로 이루어진다. 내가 여성이기 때문에 특정한 방식으로 세상을 살아가게 되었다면, 내가 다양한 상황에 대해 보이는 개인적 반응이 나를, 그리고 우리 모두를 독특한 방식으로 만든다.

비자발적 정체성이란 우리의 삶이 어떻게 펼쳐질 것인가에 대한 타인의 추측, 즉 부모, 가족, 공동체의 기대로 이루어지는 정체성이다. 가장 흥미로운 지점은 아이가 어떤 방식으로건 소수자가 되리라고 추측하는 경우는 절대 없다는 것이리라. 곧 아이를 낳을 부모가 각양각색의 손님을 초대해놓고 아이가 태어날 때 지정받을 성별을 밝히는 성별 공개 파티를 열기도 한다. 성별 공개 파티는 결국 이기이 생식기에 바탕을 두고 한 사람의 비자발적 정체성, 추측된 젠더, 그리고 그것이 지닌 의미와 이에 수반될 일들에 관한 사람들의 인식을 축하하는 자리 아닐까? 이런 부모들이 아이가 시스젠더^{cisgender}• 이성애자가 아닐 수도 있다고 추측하는 경우는 한 번도 보지 못했다. 내 비자발적 정체성에는 자신의 아이가 이성애자 아들이라 믿고 품었던 아버지의 기대가 포함된다. 그 아들과 자신의 열정, 그리고 삶에 대한 전반적인 전망을 공유할 수 있을 거라는 기대 말이다.

비자발적 정체성은 보통 부모의 꿈, 사회적 동화, 규범성으로 이루어진다. 이에 의문을 품기까지 엄청나게 긴 시간이 걸리거나, 아예 의문을 품지 못할 정도로 중독성 있는 꿈이다. 우리의 비자발적 정체성에 대해 처음 의문의 씨앗이 싹트는 시기는 청소년기다. 많은 경우, 우리는 자기실현을 이루지 못하며 정체성이란 타인의 기대에 부응하고자 하는 욕망이 되어버린다.

연속성의 감각, 전통이라는 관념이 비자발적 정체성을 자아

• 태어날 때의 지정 성별과 젠더 정체성이 일치하는 사람.

내기도 한다. 나는 전통이 무척 강력한 힘을 발휘할 수 있다고 생각한다. 전통은 과거에 대한 이해를 통해 사람들을 하나로 묶는다. 전통이라는 기나긴 계보에 연결되는 건 우리에게 힘을 실어주기도 한다. 예를 들자면 나는 어린 시절 아버지가 자메이카 이야기를 들려주는 일이 거의 없었던 탓에 자메이카의 유산을 물려받지 못했던 것이 실망스럽다. 이 때문에 내 흑인 정체성 Blackhood은 뿌리를 내리고 힘을 끌어올 토양을 갖지 못했다. 어린 시절, 여름방학 때면 부모님이 런던에서 일하는 동안 우리는 웸블리에 있는 삼촌 댁에서 몇 주씩 지냈다. 웸블리는 스탠스테드에 비하면 딴 세상이었다. 여기서 나는 젠체하는 말투를 쓴다며 지적받고 사촌들이 쓰는 속어를 알아듣지 못하고 이 동네 사람들이 듣는 음악도 몰랐으니까. 하지만 가끔 삼촌 댁에 갈 때면 이곳이 스탠스테드보다 나와 잘 맞는다고 생각했다.

전통은 우리가 조상의 가르침에 다가갈 수 있게 한다. 어떤 이들에게는 식민주의 이전의 세계를 보여주기도 한다. 전통의 문제는 우리가 전통을 고정불변이라 생각할 때 생긴다. 세상을 이해하기 위해 과거를 돌아보는 것은 오늘날의 삶을 살아갈 때 적용할 엄격한 규칙을 찾으려 과거를 돌아보는 것과는 다르다. 존중이나 정체성이라는 잘못된 믿음에 이끌려 한 가지 사고방식에 사로잡히는 건 누구에게도 도움이 되지 않는 일이다. 다시

한번 말하자면, 전통이 연속적인 것으로 여겨지는 것은 그것이 주변화된 집단과 변화를 이끌어내는 진보적인 사고방식을 소외시키는 경향이 있기 때문이다.

청소년기에 섭어들면시 니는 내가 남들과 다르다는 것을 점점 느끼고 알아갔다. 한때는 외톨이가 된 것 같은 기분이었지만 나중에는 바깥에서 안을 들여다보는 것의 의미를 깨달았다. 나는 차츰 내가 있는 공간의 참여자라기보다는 관찰자라고 생각하기 시작했다. 남들과 달랐기 때문에, 남들과 다른 점이라고는 하나도 없는 척을 하지 않으면 자라서 어떤 사람이 될 것인지 상상조차 할 수 없었다. 청소년기 이전까지는 내게 무한한 가능성이 있다고 상상했다. 어떤 사람이건 될 수 있고, 무슨 일이든 할 수 있다고 느꼈다.

○ ○ ○

이제 와 돌아보면 나는 유별난 아이였다. 멋지기는 했어도 어쨌든 유별났다. 때로는 별 볼 일 없는 것들에 사로잡히고, 그것들을 모아 내 상상과 닮은 세상을 꾸렸다. 나한테는 반려동물이 엄청나게 많았다. 처음에는 해양생물학자가 꿈이었고 나중에는 곤충학자가 되고 싶었는데, 부모님이 내가 그런 환상에 빠져

살게 내버려두었다는 사실이 아직도 믿기지가 않는다. 한때 우리 집 부엌에는 대왕 아프리카달팽이 두 마리, 대왕 노래기 두 마리, 대왕 대벌레 두 마리가 살았다. 안마당에는 토끼 두 마리, 식당에는 저빌 두 마리가 살았고 사육통 안에는 마다가스카르 휘파람바퀴를 키웠는데, 그 녀석들은 매일같이 기하급수적으로 늘어났다. 여기 더해 남동생이 키우는 왕관앵무가 하나, 가족이 함께 키우는 개가 여러 마리였다.

곤충들은 물론 부모님과 내가 타협한 결과였다. 거대하고 이국적인 곤충들을 집에서 키울 수 있게 허락하면 나도 바깥에서 벌레를 잡아와 서랍이나 침대 밑 상자에 넣어두고 키우지 않겠다는 약속이었다(당연하게도 나는 한동안 그런 시기를 거쳤다……). 다섯 살 남짓이던 어느 비 오는 오후, 나는 정원으로 나가 유리병 가득 달팽이를 잡아서는 빈 이스터에그 초콜릿 깡통 안에 넣었다. 그 깡통을 잠자리까지 가져가서 품에 안고 잠들었다. 달팽이들 입장에서는 대단히 기쁘게도 한밤중에 깡통이 열렸고, 그 바람에 다음 날 아침 내 방에 들어온 엄마는 스무 마리도 넘는 달팽이가 내 얼굴과 침대는 물론 벽까지 타고 기어다니는 모습을 목격하고 말았다. 그뿐만 아니라 한번은 온종일 나비를 보이는 족족 잡아다 내 방으로 데려온 적도 있었으니, 신경 써서 선별한 곤충 몇 마리만 집에 들이는 게 부모님 입장에서도 썩 공정한 거래로 보였던 것 같다.

내가 어린 시절을 실제보다 낭만적으로 그리고 있다는 걸 나도 안다. 그만큼 그 시절이 내게 중요해서다. 아직 현실이나 현실 인식이라는 제약이 없던 내 세계는 너무나 넓게만 느껴졌다. 그러나 열 살쯤 되었을 때, 세상은 벌써부터 내 것이 아닌 서사 속에 나를 집어넣으려 했다. 지금 내가 트랜스젠더 청소년을 위한 자선단체 머메이즈Mermaids를 후원하는 것도 아이들의 말에 귀를 기울이고, 그 아이들이 자기가 말하는 자신으로 살아갈 수 있게 격려하는 것의 중요성을 잘 알기 때문이다. 주변으로 내몰릴수록 우리가 가진 가능성 역시 위축되는 듯이 느껴지는 건, 우리에게 자리를 내주지 않는 세상을 점점 더 의식하게 되어서다. 아이들은 큰 꿈을 품고, 자신들의 차이를 포용하고 길러내고, 자신들이 지닌 마법을 잃지 않아야 한다. 다른 여러 소수자들이 그렇듯 트랜스젠더가 이런 식으로 격려받는 경우는 드물다.

어린 시절에서 청소년기로 넘어가면서 나는 마치 내 상상력이 골칫거리라도 된다는 듯 '현실적'으로 생각하라는 잔소리를 들었다. 사실, 현실주의가 늘 현실 그 자체인 건 아니다. 현실주의란 권력을 지닌 이들의 눈에 비친 정상성과 동의어일 때가 많다. 그것은 현실이 어떤 모습인가에 대한 시스젠더적, 백인적, 가부장주의적, 이성애 중심적, 자본주의적 개념이다. 모든 민권 운동은 주어진 현실을 받아들이기를 거부한 이들로부터 태어난다. 모든 해방 운동의 핵심은 직접 경험, 정체성 또는 우리를 둘러싼 세계의 모습에 제약받지 않는 세계를 상상하는 것이다. 우리는 자기를 실현하고 새로운 현실을 창조할 수 있는 꿈을 꿀 수 있어야 마땅하다. 어린 시절의 나는 나를 이해할 수 있었지만, 청소년기가 되자 나라는 개념은 서서히 나로부터 멀어져갔다.

스탠스테드 마운트피쳇은 여러 장점과 특권에도 불구하고 획일적 문화를 지닌 곳이었다. 1990년대 후반에서 2000년대 초반은 아직 영국에서 섹슈얼리티, 인종, 젠더의 교차성에 관한 대화가 긍정적이거나 진보적인 의미로 주류 담론이 되지 않던 시기였다. 내가 자란 곳에서는 그런 대화가 싹틀 가능성이 없었다고 말해도 과언은 아닐 것이다. 우리 동네에서 내가 만날 수 있는 흑인이라고는 백인 부부가 입양한 두 딸이 전부였다. 다른 흑인 가족들은 동네 외곽 공영 주택단지에 사는 저소득 가구들로, 동네의 다른 이웃들과 전혀 접점이 없었으므로 보이지 않는 것이나 마찬가지였다.

엄마는 언제나 우리가 어떤 모습으로 보여야 하는지에 관해 극도로 신경을 썼으며 이 문제에 있어 강경한 입장을 취했다.

엄마에게는 남들이 우리를 어떻게 생각하는가가 중요했다. 엄마는 공동체 활동에 적극적으로 참여했다. 우리 가족은 일요일이면 교회에 갔고, 부모님은 지역 스카우트 단체에서 봉사를 했으며, 엄마는 내가 십 대 때 슬겨 쓰넌 표현내로라먼 꺼든 뒤에서 훔쳐보는 사람들의 자조 모임인 동네 감시 위원회에서도 활동했다. 겉으로 보았을 땐 모두가 유쾌하고 공동체 정신으로 무장한 사람들이었다. 그러나 나는 늘 감시받는 기분이 들었다. 안전이란 한없이 연약한 것, 일시적인 것, 자신이 누구인가에 따라 다르게 해석되는 것이며, 조금의 차이를 보이는 것에는 의혹이라는 굴레를 씌운다.

내가 흑인이기 때문에 남들과 다르다는 것을, 내가 남자답지 않으며 따라서 위협적이지 않다고 여겨지면서도 동시에 흑인이기 때문에 두렵고 수상한 대상이 된다는 것을 깨달은 게 몇 살 때였는지 모르겠다. 하지만 이런 감정을 표현할 언어를 갖기 전에도 느낄 수 있었다. 길을 걸으면 아주머니들은 나를 스쳐지나갈 때 핸드백을 바짝 당겨 안았다. 내가 사탕 진열장 쪽으로 다가가면 경비원이 나타나 내 손가락과 주머니를 눈여겨보았다. 내가 이웃집 뒷마당에 장난감을 떨어뜨렸을 때 그 집 아주머니는 나를 안으로 들여보내주지 않았지만, 다른 아이들이 들어와 자기 장난감을 찾아갈 때는 아무런 토를 달지 않았다. 사람들은 내가 자라서 자신들의 집단적 상상에 등장하는 위협적인 인물이 되기를 기다렸다. 슬슬 내가 일종의 시한폭탄이 아닐까 하는 생각이 들기 시작했다. 그 사람들이 생각하는 미래의 내가 될까 봐 겁이 났다. 수치심이라는 감정은 언제나 분명히 인식할 수 있는 것은 아니지만, 그 시절을 돌아보면 나는 내 정체성, 유산, 피부색이 수치스러웠었다.

처음 초등학교에 입학했을 때 이곳이 내게 안전한 곳일 줄 알았다. 친구들을 만나고 다른 아이들과 함께하는 환경에 있고 싶어서 초등학교 입학을 손꼽아 기다렸다. 일단, 나는 친구를 쉽게 사귀는 편이었으니까. 나는 자연히 여자아이들에게 끌렸는데, 여자아이들과 함께 있는 게 가장 자연스럽게 느껴져서였다. 그러나 한 해 한 해 지날수록 학교는 점점 불편해졌고, 발디딜 곳도 점점 사라져갔다. 아이들이 사회적으로 기대되는 성별 역할을 점점 의식하게 되면서, 여자아이들은 '내가 여자가 아니라서', 남자아이들은 '내가 너무 여자 같아서' 나와 놀지 않았다. 엎친 데 덮친 격으로, 전교에서 학생은 물론 교사와 직원까지 다 포함해, 한눈에 보기에도 흑인인 '남자'는 나 혼자라 눈에 띄었다. 물론 내 동생도 흑인이지만, 그 애는 엄마를 닮아 나보다 피부색이 밝았고 얼굴은 주근깨투성이인 데다가 엄마의 적갈색 머리까지 물려받은 터라 나만큼 두드러지지는 않았다.

점점 더 커지는 불편감과 단절감을 말로 표현할 수 없었고 이해할 수조차 없었던 나는 함부로 행동하기 시작했다. 말썽을 부리다가 결국에는 문제아 취급을 받았다. 동성애 혐오자인 어느 학부모가 나에게 고함을 질리데는 유난히 무서운 경험을 한 뒤부터는 가게에서 아무거나 슬쩍하는 버릇이 생겼다. 읽고 싶지도 않은 잡지, 먹지도 않을 사탕, 바를 수 없는 화장품 같은 것들이었다.

피아노를 가르치던 발레리 선생님이 남편의 생일 선물로 사 두었던 쿠바산 시가를 상자째 훔쳐서 학교 화장실에서 피우다 화재경보기가 울리는 사건도 있었다. 아마 골치 아픈 일이 생길 걸 감수하고서라도 들키기를, 그래서 어떤 반응이든 얻기를 바랐던 것 같다. 여덟 살짜리 아이가 시가를 훔쳐 겁도 없이 초등학교 안에서 피우는 것이 설마 그 아이가 담배를 피우고 싶어서였겠니? 그건 말로 표현할 수 없는 무언가가 너무나도 잘못되었다는 걸 행동으로 보여주고 싶어서였다. 내 행동을 통제할 수 없었던 건, 내 감정을 통제할 수 없었던 것과도 밀접하게 연관된다. 한번 문제아로 낙인찍히자, 내가 하지도 않은 잘못, 저지르지도 않은 일들까지 다 내 탓이 되었다. 한번은 학교에서 어떤 아이가 다른 아이와 싸우다가 내 얼굴에 주먹을 직격으로 날린 적이 있었다. 얼마나 난폭했던지 코뼈에 금이 갈 정도였다. 너무 무섭고, 또 아팠지만, 나는 선생님을 찾아가지 않고 화장실에서 혼자 피를 그치게 해보려다가 들키고 말았다. 난 결국은 내가 싸움의 주동자로 찍힐 거라 예상했다. 그리고 정말 그렇게 되었다.

그렇다고 집이 늘 안식처였던 것도 아니다. 하나뿐인 동생과는 사이가 썩 좋지 않았다. 아버지가 동생을 더 좋아하는 것 같아 항상 화가 나 있었던 것도 우리 사이가 나빠지는 데 한몫했다. 아버지는 '전통' 그 자체라 할 만한 사람이었다. 극도로 남성적인 문화를 가진, 아들만 넷인 자메이카인 집에서 자랐기 때문이었다. 아버지는 어린 시절부터 내게서 눈에 띄게 드러나던 여성성을 대놓고 불편해했다. 어린 시절의 나는 늘 극도의 경계 상태로, 자기 검열을 일삼으며 살았다. 내가 아버지가 원하는 아들이라 느낀 적이 한 번도 없었다.

평일에는 학교에서 돌아온 뒤 아버지가 퇴근하기까지 한 시간 반의 시간이 있었다. 하루 중 유일하게 평화로운 시간, 진정으로 숨 쉴 수 있으며 그 누구의 제지도 없이 춤추고 움직일 수 있는 이 시간을 최대한 활용하고 싶었던 나는 스쿨버스에서 내리자마자 집까지 내달리고는 했다. 그러나 아버지 차가 진입로로 들어오는 기척이 들리는 순간 불안감이 엄습했다. 내가 웃을 때 얼굴을 가리면 아버지는 계집애처럼 군다고 불호령을 내렸다. 다리를 꼬고 앉으면 혼을 내면서 남자답게 앉는 법을 알려주었다. 내게는 이상하게만 느껴지는, 다리를 쩍 벌리는 자세였다.

드물게 아버지의 기분이 좋을 때면 나는 관심을 갈구하며 친해지려고 애를 썼다. 하지만 다음 날, 아버지의 좋은 기분이 온데간데없이 사라지고 나면 우리는 다시 서먹해졌다. 아버지와의 이런 관계는 어른이 된 뒤 내가 추구하게 된 연애에도 무의식적 영향을 미쳤다. 내게 더 나은 관계를 맺을 자격이 없다고 생각했기에 있는 그대로의 내 모습을 받아주지 않는 사람과 사귀기도 했다.

엄마와는 좀 더 사이가 좋았다. 다투기는 했지만 주로 시답지 않은 문제들 때문이었다. 엄마는 완고하지만 대체로 공정했고, 이따금 공정치 않을 때라도 의도만은 좋았다. 나는 우리 둘이서만 보내는 시간이 좋았다. 박물관이나 크리스털 가게에 함께 가면 엄마는 내가 집착에 가깝게 수집해 지니고 다니던 화석이라든지 원석에 관해 더 알아볼 수 있게 격려해주었다. 참고로, 나는 아직도 그 습관을 지니고 있다. 엄마는 내 기벽을, 내 마법을 두려워하지는 않았으나 세상이 나를 어떤 눈으로 보고 어떤 눈으로 대할지, 그리고 어른이 된 나에게 그게 무슨 의미일지를 두려워했다.

우리 집은 문제를 허심탄회하게 털어놓고 상의할 만큼 정서적 개방성과 투명성을 지닌 가족이라고는 하기 어려웠다. 의사결정은 닫힌 문 안에서 이루어졌다. 우리의 의견은 필요치 않았다. 오랫동안, 내 편을 더 많이 들어주지 않는 엄마에게 크나큰 적대감을 느꼈다. 내 눈에 우리 집은 결코 행복한 가정으로 보이지 않았다. 물론, 실제 부모님 사이에서 무슨 이야기가 오가는지는 알 수 없었고, 그 이야기가 내게 전해지는 일 또한 없었다. 그 시절, 솔직한 대화란 우리 가족에게는 있을 수 없는 일이었기 때문이다.

∘ ∘ ∘

부모의 인정을 받으려 거짓 정체성을 만들 줄 아는 아이들도 있지만, 나는 아니었다. 삶을 거짓으로 살아갈 수 없다는 건 훗날에는 내게 선물이 되었다. 진짜 내가 아닌 다른 사람으로 살기에 내 여성성은 내 안의 너무 깊은 곳에 새겨져 있었다. 어째서 사회가 여성성을 약점이라고, 종속적이며 교묘한 조종에 능한 특성이라고 여기는지 도저히 이해할 수가 없다. 내게 여성성이란 인간성의 전형이자 우리 모두가 가진 자질이다. 전통적인 남성성에 큰 의미를 부여하고 이로써 자기를 정의하는 남성들은 타인이 지닌 강력한 여성성을 위협적이라 여기는데, 그것이 비하의 대상이던 자기 안의 여성성을 상기하게 만들기 때문이다. 청소년기에 아버지는 내가 당신의 모습을 되비추는 '아들'이 아니어서, 돌아가신 할아버지와는 보내지 못했던 부자 간의 유대감을 쌓는 시간을 나와 나눌 수 없어서 실망스러워했다. 그 시절의 내가 나를 '정상'으로, 아버지가 자랑스러워하는 자식으로 만들어달라고 신을 향해 기도했던 게 기억난다. 언젠가는 아버지에게 사랑받고 있다고 느끼게 해달라고 끝없이 기도했었다.

아홉 살 때, 발레를 배우고 싶었다. 성별 고정관념에 도전하는 문제에 대해서 엄마는 상당히 유연한 태도를 지니고 있었다. 그렇게 우리는 발레 수업을 들으러 갔고, 그날 밤, 부모님은 대화를 나눴다. 나는 벽에 귀를 바짝 대고 대화를 엿들었다. 극도로 경계심이 강한 데다가 부모님이 내 이야기를 할 때가 많다는 걸 알았던 나는 어린 시절 내내 이런 식으로 부모님의 대화를 엿들으며 살았다. 무슨 말을 하는지는 알아들을 수 없었지만, 말투만으로도 짐작할 수 있었다. 발레 수업은 그걸로 끝이었다. 나는 공연과 춤을 좋아했다. 특별히 춤을 잘 추는 건 아니었지만 춤을 출 때는 자유롭다 느꼈다. 내가 남성성이 부족하다거나, 동성애자 같다거나, 여성스럽다는 것을 의식하기 전부터 몸을 움직이는 게 좋았고 감정을 몸으로 표현하기를 즐겼다. 그러나 자라면서 남자가 어떤 행동을 해야 하고 어떤 몸짓을 해야 하는지를 검열당하기 시작하자 춤추는 게 예전만큼 안전하게 느껴지지 않았다.

그나마 내게 허용되는 선이 체조였다. 체조 수업을 받기 시작하자마자 내가 엄청나게 유연하고, 힘들이지 않고도 물구나무서기, 공중제비 돌기, 다리 찢기, 재주넘기, 옆 돌기를 할 수 있다는 걸 알았다. 물론 코치는 늘 내 자세나 포즈를 지적했지만 말이다. 여자와 남자의 포즈는 서로 달랐는데 내 몸짓의 언어는 누가 봐도 여자의 것이었다. 곧 체조 실력이 출중해져 한 시간 떨어진 곳에 있는 전문 체육관에 다니게 되었다. 부모님이 장시간 일을 하니 옆 마을에 사는 다른 아이의 어머니가 학교가 끝난 뒤 자기 아들과 함께 나를 체육관에 데려다주기로 했다.

훈련을 할 때마다 나도 모르게 평균대 위의 여자아이들이 등을 활처럼 휘고 어깨를 뒤로 당긴 채 걷는 모습을 올려다보았다. 나에게도 그 자세가 자연스럽게 느껴졌지만, 내가 등을 휘면 코치는 매번 어깨를 앞으로 당기라고 지적했다. 다른 남자아이들은 내 걸음걸이를 흉내 내고 여자 이름을 부르며 놀렸으며 동성애 혐오적인 의미를 담아 손목을 흐느적거리곤 했다. 적의와 모욕감을 느끼는 한편으로, 어째서 이런 일이 벌어지는지 이해되지 않아 답답했다. 아직 제대로 된 성적 충동을 느끼기 전부터 동성애 혐오적인 괴롭힘에 시달렸던 것이다. 어느 날, 참을 만큼 참다가 나를 체육관까지 데려다주던 학부모의 아들을 바닥에 밀쳐 넘어뜨리고 말았다. 이러면 다시는 체육관에 올 수 없다는 걸 알고 있었고, 실제로도 그렇게 되었다. 그 아이 어머니는 내게 왜 그랬느냐 물었지만, 당신 아들이 내가 동성애자라고 괴롭혔다는 말을 도저히 할 수가 없었다. 나는 그 대신 수영팀에 들어갔고, 곧 전국 대회에 나갈 수준으로 수영을 잘하게 되었다. 그러나 전국 대회에서 11위를 차지했을 때조차 체조만큼 수영에 진심이 될 수는 없었다. 훗날, 어른이 된 뒤에야 나는 춤을 추면서 다시금 자유를 누리게 되었다. 어떤 의미에서 내게 모델 일은 평소와는 다르게 몸을 움직여 다른 방식으로 사용하고 다른 인물이 되는 일이었다.

괴롭힘으로 얼룩진 초등학교 시절을 보낸 만큼, 나는 중등학교에서 새로운 시작을 하리라고 만반의 준비를 마쳤다. 이번에는 다를 거라 생각했다. 이 시기쯤 나는 내 내면의 모습에 맞게 내 방을 꾸미기 시작했다. 예전에는 주로 벽에 공룡과 곤충 사진을 붙였다. 하지만 열한 살이 되자 내 방은 잡지에서 찢어낸 스파이스걸스 사진과 〈뱀파이어 해결사 버피Buffy the Vampire Slayer〉로 장식되었고, 브리트니 스피어스, 비욘세, 그리고 마돈나로 한쪽 벽 전체를 도배했다. 나는 특히 마돈나와 그녀가 내게 갖는 의미에 완전히 사로잡혔다. 마돈나가 보여주는 성적 과감함, 대담함, 정치학을 말로 표현할 순 없었지만, 사람들이 자신에 대해 왈가왈부하는 말에 조금도 개의치 않는 점이 근사했다.

나는 사람들에게 다가가 친구가 되고 싶었다. 순진하기 짝이 없던 나는 체제에 순응하는 사회가 내가 가진 남들과 다른 점들을 얼마나 깔보는지 과소평가한 것이다. 나는 수영팀 친구인 어느 여학생과 함께 우리 학년에서 처음으로 파티를 열기로 했다. 나는 남학교에 다니고 있었으니, 친구가 자기 학교 여학생들을 초대하고 내가 우리 학교 남학생들을 초대하면 서로 친해질 것으로 생각했다. 그 당시에는 정말 그만큼 단순할 줄 알았다. 부모님이 마을회관을 예약해주었고, 나는 일찍 시작된 내 패셔니스타 본능을 선보일 기회에 들떠 앞면은 흰색, 뒷면은 검은색에다가 측면에는 금색 단추들이 조르르 붙은 오버사이즈 실크 셔츠로 차려입었다. 그 시절 내가 좋아하던 마이클 잭슨이나 재닛 잭슨이 입을 법한 옷이었다. 초대한 아이들은 전부 파티에 왔다. 남학생들은 프레피 스타일의 폴로 셔츠 단추를 턱까지 채우고 아버지의 애프터셰이브를 잔뜩 뿌린 채 뚱하고 초조한 태도로 한쪽 구석에 모여서더니 여학생들이 다가올 때 느끼는 극도의 공포감을 제외하고는 아무런 감정도 내보이지 않았다. 여학생들은 자기들끼리 웃고 떠들며 즐겼다. 여학생들과 편안하기 그지없이 대화하던 나 역시 즐거운 시간을 보냈다.

　다음 날 학교에 가자 심지어 파티에 오지 않은 아이들까지도 파티가 최악이었다고 떠들어댔다. 처음에는 무슨 영문인지 알 수 없으나 훗날 다시금 그 경험을 떠올리다 보니 그 나이 남학생들은 여학생들이 다가오는 것만으로도 겁에 질린 나머지 파티가 별로였다는 내적 내러티브를 만들어내었던 것 같다. 여자와 여성성은 당연히 지배해야 하는 것, 무찔러야 하는 것이었으며, 그러지 못한다면 수치심을 느껴야 마땅한 것이었기 때문이다. 여학생들에게 말을 걸 용기가 없었던 그들은 여학생들과 대화를 나눌 수 있는 데다가 자신들의 취약함을 드러내게 만든 내가 미웠을 것이다. 그걸로도 모자라, 자기들이 없어도 즐겁게 노는 여학생들을 가만히 서서 지켜보기까지 해야 했다. 감히 어떻게 그럴 수가! 남학생들은 그 일로 나를 증오하기 시작했다. 입학 후 누구보다 먼저 파티를 열었다는 설렘은 금세 사라지고, 그들에게 나를 미워하는 데 쓸 구실을 내준 것 같은 기분이 되어버렸다.

○ ○ ○

　청소년기는 그 자체로 외로운 것이고, 그 시절 내가 느낀 불행이 오로지 내 정체성 때문만은 아니었다. 내가 불행했던 건 남성, 이성애자, 그리고 백인이라는, 사회가 이상적이라 추구하는 틀에, 그리고 어떻게 행동해야 하고 어떤 사람이어야 하는지와 관련해 타인이 그려놓은 상에 억지로 비집고 들어가려 애썼기 때문이다. 이런 거짓말이 곧 내게 찾아온 우울의 뿌리였다. 나는 흑인, 퀴어, 여성으로 살아가는 건 나쁜 것이라는 믿음에 속고 말았다. 어떤 정체성은 명백히 존재하는데도 그저 존재하지 않는 취급을 해야 했다.

　다양성, 포용성, 재현의 문제를 말하자면, 내 성장기는 특히나 단조로운 문화가 지배하던 시기였다. 주류 문화는 틀에 박힌 단 한 가지 미의 기준을 마치 추구해야 할 정점이라는 듯 보여주었다. 또래들만큼 매력적이고 싶다면 이 미의 기준을 충족하거나 최소한 모방해야 했으므로, 나는 시작부터 진 것이나 다름없었다. 내 모든 부분을 긍정하는 공동체를 만났고, 나와 타인이 지닌 차이에 담긴 아름다움을 알아보게 된 지금은 그런 기준을 무시할 수 있다. 우리는 사회도 전환하며 아름다움의 기준에 대한 환원적 개념을 무너뜨린다는 걸 잊기 쉽다. 그렇다고 해서 사회가 완벽이나 진정한 평등을 향해 나아가고 있다는 뜻은 아니다. 어떤 차이는 좀 더 편하게 언급할 수 있지만, 나머지 차이들은 여전히 악마화한다. 나 같은 사람을 위한 공간도, 도움을 요청할 사람도, 나를 닮은 사람도 만날 수 없던 사회에서 내가 얼마나 큰 고립감을 느꼈는지, 이제는 예전만큼 상상하기 어렵다. 차이가 존재한다는 증거가 없을 때는 차이란 존재하지 않는 것, 꼭 필요하지 않은 것, 적용되지 않는 것이라 우길 수 있다. 하지만 세상이 작동하는 방식에 관한 현실과 진실을 애써 찾아나서지 않는다면, 결국 우리에게 남는 건 권력을 지닌 이들이 바라는 모습대로의 세상에 대한 이데올로기와 세뇌뿐이다.

내가 퀴어라는 사실, 트랜스젠더라는 사실을 언제 깨달았는지는 말할 수 없다. 어느 날 잠에서 깨어 불현듯 깨닫고 희열을 느낀 게 아니기 때문이다. 아마 영적인 차원에서는 처음부터 알고 있었던 것 같다. 나는 이른 나이에, 솔직히 말하면 열 살 때 이차 성징을 겪었고, 극도로 괴로웠다. 자의식이 강해졌다. 아직 초등학생이던 내게 하룻밤 사이에 별안간 굵은 털이 자랐고 그것들이 부끄러워 다리와 겨드랑이를 도저히 내보일 수 없었다. 이마에 여드름이 폭발하자 곧 놀림감이 되고 말았다. 여드름이 너무 눈에 띄는 바람에 무슨 수를 써서라도 그것들을 없애고 싶어 엄마의 약장에서 온갖 것을 찾아 절박하게 발라댔지만 문제는 도저히 해결되지 않았다. 물론 청소년기로 이행하기 시작하며 신체 변화를 겪는 건 오로지 나만의 일이 아니다. 그러나 그 시절, 남성적으로 변해가는 몸은 내게 특히나 낯설게 느껴졌다. 다른 아이들은 자기 모습으로 자라나면서 편안함을 느낄지 몰라도 나는 꼭 나를 잃는 기분, 거울 속 내가 낯선 기분, 가면을 쓴 기분이었다. 근육 밀도가 증가하고 몸이 계속 변하자 나는 몸속에서 남성성을 빼내는 방편으로 굶기를 택했다. 가족이 모두 모여 먹는 저녁은 거를 수 없었지만, 아침과 점심은 되도록 굶었다. 웬만해선 같이 밥을 먹을 친구가 없었으니 학교 식당에 안 가도 되어서 좋았다.

열네 살 때, 같은 학교 친구인 네이선과 조에게 내가 게이라는 사실을 커밍아웃 하기로 했다. 우린 딱히 공통점은 없었지만 친구라고는 서로가 전부였기에, '잘 나가는' 아이들한테 시달리지 않아도 되는 도서관 구석 같은 곳에서 암묵적으로 괴짜들의 편의 협정을 맺은 사이였다. 그 시절의 나는 내가 게이라는 사실을 마치 실수로 이웃집 창문을 깼을 때처럼 '솔직히 인정하면' 더 편해질 거라 생각했다. 학교에서 나를 괴롭혀대는 녀석들에게 대응하기에도 좋은 전략 같았다.

잠깐이지만 나는 그들의 남성성을 모방하는 식의 다른 전략도 시도한 적 있었다. 그들의 걸음걸이를 따라 하고, 낮은 목소리를 내고, 취미와 관심사를 바꿔보았지만 자꾸만 벽에 부딪쳤다. 나 자신을 버릴 수가 없어서였다. 〈오늘의 경기Match of the Day〉를 본다는 생각만으로도 몸이 절로 아팠으며 추운 경기장을 뛰어다니며 럭비를 하는 건 내가 생각하는 좋은 시간과는 거리가 멀었다. 남들이 내게 동성애 혐오적인 욕설을 퍼부을 때 "그래, 난 게이야. 그래서 뭐?" 하고 커밍아웃 해버리면 그들의 기가 꺾일 거라 생각했다. 어느 정도는 통한 덕에 녀석들은 잠깐이지만 할 말을 잃었다. 하지만 곧이어 내게 잔인하게 굴 또 다른 방법들을 찾아냈다. 트랜지션을 통해 자기 자신이 된다는 건, 타인이 나를 어떻게 보는가가 아무 의미도 없다는 걸 알아차리는 일이다. 지금의 내게 누군가가 (신체적 폭력을 가하고 위협하지 않는다는 전제하에) 나를 게이라고 비난한다면 전혀 신경쓰지 않을 것이다. 나는 실제로 퀴어고 그 사실이 자랑스럽기 때문이다. 하지만 그 시절, 내가 게이라는 걸 알았고, 그게 부끄러운 일이 아닌 것도 알았지만, 그럼에도 여전히 수치심을 느꼈다. 그 말이 상처가 된 건 나 역시 마음 한구석에서 그들이 하는 말이 맞는다고 생각했고 또, 아직 세상 그 누구도 내게 다르게 생각해도 된다고 알려주지 않았기 때문이다.

그 뒤로 1년이 지나 엄마에게 커밍아웃 했다. 수업을 마치고 동생이 학교 건물에서 나오기를 기다리는 동안의 일이었다. 앞이 안 보일 정도로 쏟아지는 빗속에 차를 세워둔 채 엄마와 나는 단둘이 앉아 있었다. 머릿속으로 커밍아웃 하는 장면을 천 가지 시나리오로 연습하면서, 충격을 완화하고 나쁜 결과를 최소화할 수 있는 완벽한 순간과 환경을 고심한 터였다. 그러나 딱히 이상적인 시간이나 장소는 없는 것 같았다. 그래서 나는 이 순간을 붙잡기로 했다. 지금 우리는 차 안에 단둘이 있는 데다가, 비가 쏟아지는 바람에 아무 데로도 갈 수 없었으니까. 나는 라디오를 끈 뒤 엄마에게 내가 자랑스러우냐고 물었다. 엄마는 당연히 그렇다고 대답했다. 앞으로도 늘 나를 자랑스러워할 것이냐고 묻자, 엄마는 무언가를 예상하기라도 한 듯 아무 대답도 하지 않았다. 나는 내가 여자아이들을 '좋아하지' 않더라도 나를 자랑스러워할 것이냐고 물었다. 내가 가족 컴퓨터에 남겨두었을지도 모르는 특정 검색 기록이나, 내가 집 전화로 걸었을지도 모르는 특정한 핫라인 번호를 생각하면 엄청나게 뜻밖의 일은 아니었던 것 같다. 그냥, 내가 무언가를 숨기는 데는 원래 소질이 없었다고 하자. 그럼에도 그 소식에 대한 엄마의 반응은 아무리 줄잡아 말해도 상당히 나쁜 것이었다.

그 시절 여느 사람들과 마찬가지로 엄마는 퀴어로 살아가는 게 비극이라고만 생각했다. 퀴어의 기쁨을 그려낸 매체를 본 적도 없었다. 엄마는 곧바로 가족을 이루지 않고 어떻게 살겠느냐고, 아프기라도 하면 어떻게 되겠느냐고 걱정했다. 아직 섹스조차 해본 적 없는 나이인 나에게 엄마는 안심되는 말을 하기는커녕 '만약에'로 시작하는 끔찍한 이야기들을 줄줄 쏟아냈다.

엄마에게 커밍아웃 하고 싶었던 이유 가운데 하나는 그 이야기를 하고 나면 내가 학교에서 괴롭힘을 당한다는 사실도 털어놓을 수 있을 것 같아서였다. 퀴어라는 사실을 말하지 않고는 내가 왜 괴롭힘당하는지 말할 수 없었다. 하지만 사태가 나쁘게 흐르는 바람에 결국 그 이야기는 꺼내지도 못했다. 우리는 침묵 속에서 동생이 차에 타기를 기다리다가 빗소리와 와이퍼 소리에 어색하게 귀를 기울이며, 십 대였던 내겐 영원처럼 느껴지던 시간 동안 집을 향해 달렸다.

그 이후로 집에서 보낸 시간은 냉랭하기 짝이 없었다. 엄마는 곧바로 아버지에게는 말하지 말라고 했다. "지나가는 단계일 뿐이야"식의 뻔한 소리를 했다. 그럼에도 불구하고, 나는 최대한 모든 걸 환히 드러내는 쪽이 낫다는 걸 알았다. 죄책감, 두려움, 부정적인 감정은 숨기면 숨길수록 왕성하게 자라나는 법이니까. 머리 위에 점점이 자리한 먹구름이 때때로 내 기분을 괴롭힌다 한들, 그쪽이 나에게는 가느다란 햇살이나마 내리쬐는 길이었다.

학교 선생님은 아이들이 동성애 혐오 표현으로 나를 괴롭히는 걸 보면서도 개입하지 않았지만, 그래도 내가 좋아하던 미디어 교과 선생님은 자신이 이 일을 막을 방법이 있으면 좋겠다는 말을 은밀하게, 그러나 분명히 전하기도 했다. 알고 보니 교사가 동성애 혐오를 지적하는 건 법으로 금지되어 있었다. 지방 자치법 수정안인 28조가 시행되던 시기였다. 1988년 마거릿 대처 총리의 보수 정부에서 통과된 이 조항은 학교를 포함한 지역 당국이 "고의로 동성애를 촉진하거나 동성애를 촉진하는 의도를 지닌 자료를 출판해서는 안 되며", 또 "공립학교에서 동성애를 가족 관계로 받아들이는 교육을 금지한다." 이 조항이 시행된 계기 중 하나는 어느 노동조합이 운영하는 학교 도서관에서 『제니는 에릭이랑 마틴과 함께 살아요 *Jenny Lives with Eric and Martin*』라는 어린이책이 발견된 사건이었다.

『제니는 에릭이랑 마틴과 함께 살아요』는 영어로 번역된 덴마크 도서로, 저자가 지적하듯 익숙하지 않은 가족 구성원을 마주하는 어린이들을 위해 쓰인 책이고, 이런 가족 속에서 살아가는 아이들에게 이런 가족들이 존재할 뿐만 아니라 완벽하게 평범하고 이해하기 쉽고 건강한 관계임을 확인시켜주는 책이다. 저자가 원하는 것은 대안적 가족 관계들이 정상이라는 것을 보여주는 것이 전부였다. 이혼 가정, 한부모 가정, 어머니가 둘인 가정이나 아버지가 둘인 가정 말이다. 섹스와는 아무런 관련이 없었다. 하지만 대처 총리를 비롯한 대다수 정부 구성원의 생각은 달랐다. 대처 총리는 이렇게 말했다. "전통적인 도덕적 가치를 배워야 하는 어린이들이 자신이 동성애자가 되는 것은 빼앗을 수 없는 권리라고 배우고 있습니다. 이 모든 어린이들은 삶의 건전한 시작을 가로채이고 있는 겁니다." 그렇게 나는 지지받을 권리, 역할 모델을 가질 권리, 내 존재 자체가 잘못되었다고 느끼지 않을 권리를 사도재었디. 나에게 학교라 감옥이나 마찬가지였다. 사회에서 고립된 채 6년의 형기가 끝나기를 기다리며 한 무더기의 남성들과 함께 럭비 경기와 수학 시험을 치르며 수형 생활을 하는 곳이었다.

학업에 더는 집중할 수 없었다. 그럼에도 내가 원하는 미래의 모습에 대해서는 주도적인 태도로 집중력을 발휘했다. 나는 화장실에 숨어 영국판 〈보그〉와 〈엘르〉 과월호를 읽곤 했다. 지금 내가 배우고 있는 것들이 내가 이루고 싶은 것과 아무런 관련도 없다고 생각하며, 학교생활 대부분은 공상을 하며 흘려보냈다. 삶을 어떻게 살고 싶으냐는 질문에는 마땅한 직업을 떠올릴 수 없었고, 창조적인 삶을 살고 싶다는 광범위한 답만 내놓았다. 어떤 역할이라거나 기대되는 목표를 이루겠다는 생각은 없었다. 이전에 이런 일을 해낸 역할 모델이 아무도 없었기 때문이다.

○ ○ ○

우리를 둘러싼 세계에서 우리를 자연스레 인정하는 목소리가 보이지도, 들리지도 않을 때, 청소년기 경험은 우리에게 극도의 고립감을 느끼게 한다. 눈에 보이는 역할 모델이나 역할 선택지가 없고 우리가 이입할 수 있는 상대 또는 우리 자신의 모습을 볼 수 있는 상대가 없는 세계는 이해하기 어려운 곳이 된다. 한 번도 본 적 없는 어떤 존재가 되는 일은 가능하기는 하지만 열 배는 더 어렵다. 내 또래 중 대다수는 안전을 당연한 것으로 여겼지만, 나는 오로지 내가 나일 수 있게 허락하는 사람들, 내가 중력에 이끌려 자연스레 나아가는 방향에 의문을 제기하지 않는 이들과 있을 때만 안전했다. 있는 그대로의 내 모습을 보고 받아들이는 어른들, 진짜 나는 물론 언뜻 보이는 미래의 나까지 알아차리고, 그 작은 불꽃을 꺼뜨리지 않으려 하는 어른들과 있을 때에만 안심이 되고 안전하다 느꼈다.

어른이 된 뒤, 나는 청소년기에 갖게 된 수치심과 죄책감이라는 두 가지 감정을 내 정신에서 없애고자 각별한 노력을 했다. 그러나 그런 감정들이 이따금 스멀스멀 찾아올 때면, 문득 학교에서 온종일을 보낸 뒤 느꼈던 기분 속으로 굴러떨어지는 것 같다. 남들과 다르다는 수치심, 내가 충분히 괜찮은 사람이 아니라는 죄책감은 때로 압도적이다. 역할 모델은 우리가 우리 모습 그대로도 충분히 괜찮은 사람임을 알려준다. 사회가 강요하는, 도저히 달성할 수 없을 정도로 비현실적인 기대를 충족하려 애쓸 필요가 없음을 상기해준다. 역할 모델은 우리에게 보람 있고 지속 가능한 방식으로 각자가 될 수 있는 최선의 모습이 되라 하고, 그러면서 우리 주변에 있는 사람에게까지 꿈과 희망을 불어넣어준다. 청소년기의 나는 나를 닮은 사람으로부터 인정받고 싶었다. 내게는 역할 모델이 필요했다. 지금 내 모습 이대로도 괜찮다는 사실을 확인하고 싶었다. 그러나 퀴어, 흑인, 트랜스젠더이자 다문화가정의 자녀라는, 내 정체성에 담긴 교차성을 공유하는 이는 아무도 없었다. 이런 사람들이 존재하지 않았던 게 아니라, 의도적으로 숨겨지고 사회적으로 검열되어 대중의 시선에서 멀어지고 역사에서 삭제된 것이다. 주류 미디어에는 나 같은 사람이 바라보며 힘을 얻을 만한 인물이 나오지 않았고, 이런 이들이 등장하기까지는 오랜 시간이 걸렸다.

변화가 일어나는 당시에는 변화를 깨닫지 못하는 경우가 종종 있다. 소셜미디어가 대중문화를 예리하게 살피며 시시각각 분석하는 오늘날엔 새로운 의견을 내놓기가 훨씬 쉽다. 과거에는 일반인의 개인적 견해나 대중들의 반응 같은 것을 알기 어려웠다. 그 시절에는 칼럼니스트를 통해 여론을 접해야 했고, 아무리 자유주의를 표방하는 언론사라 한들 칼럼니스트는 상당히 보수적인 생각을 가질 때가 많았다. 언론이 대중문화의 힘을 완전히 이해하기 전이었다. 그러나 변화는 다가오고 있었다.

졸업반이 되었을 때 두 가지 일이 일어났다. 미국 최고의 주류 TV 프로그램에 동성애자들이 출연하기 시작했고, 학창 시절 마지막 학년이 남녀 합반이 되었다. 결승선이 코앞이었지만, 열여섯과 열일곱이 특히나 힘겨웠던 나에게는 이런 휴식기가 필요했다. 학교를 졸업하자마자 이 동네와 학교를 탈출하리라 상상하는 것은 좋지만, 그 자유가 시험 결과에 달려 있다는 게 또 다른 압박으로 다가왔다. 또, 이 시기는 호르몬이 하늘 높은 줄 모르고 날뛰던 시기이자 내 몸이 점점 더 내게 낯선 모습으로 변해가던 시기, 학교에서 당하던 괴롭힘이 순전한 배척으로 변해가던 시기이기도 했다. 나는 투명 인간이었다.

투명 인간 취급을 받는 게 경멸의 대상인 것보다 딱히 낫지는 않았다. 과거에는 비록 괴롭히기 위해서일지라도 나를 자기들 틈에 끼워주기는 했다면, 이제는 나를 완전히 무시하고 유령처럼 취급했으며, 내가 보이지 않기라도 하는 양 복도로 밀어냈다. 괴롭힐 수 없다면 차라리 지워버리겠다는 거였다.

또, 열여섯 살이 된 나는 최소한 학교 밖 세상에서는 어엿한 흑인 남성 취급을 받았다. 어린 시절에 겪은 인종차별이 지금에 비하면 온건하기 그지없이 느껴질 정도였다. 사람들은 어린 내게 내주던 조금의 친절마저도 모두 거두어버렸다. 아무것도 잘 못하지 않았는데, 사회는 내가 순수함을 잃은 것으로 취급했다.

학교에 여학생들이 들어오면서 내게도 드디어 친구가 생겼다. TV 드라마인 〈윌 앤 그레이스Will and Grace〉와 〈섹스 앤 더 시티Sex and the City〉는 거대 권력이 되어 여자들에게 게이 단짝이 있는 게 쿨한 일이라는 문화적 변화를 이끌었다. 하지만 당연하게도 이 또한 조건부였다. 게이 친구는 걸핏하면 화를 내는 성미에 화려하고 유쾌한 인물로, 근본적으로 여성 인물의 조력자여야 했다. 주인공으로는 아예 고려되지도 않았다.

내 친구 제마는 눈부시게 아름다운 아이였다. 긴 금발에 키는 웬만한 또래들을 내려다볼 만큼 훤칠했고, 도자기 인형처럼 완벽한 미모를 지녔다. 그 애는 이미 대입 선행 과정AS levels과 병행하며 광고와 패션쇼 모델로 활동하고 있었다. 남자들이 제마에게 홀딱 반했던 덕에 그 애의 친구인 나도 어느 정도 보호받을 수 있었다. 최소한 나를 보고 침을 뱉지 않을 정도로는 말이다.

그러다 제마와 나는 우리 둘을 하나로 묶는 공통점을 발견했다. 제마 역시 나처럼, 내면이 아닌 겉모습으로 대우받았다. 제마가 고작 어린아이일 때조차 성인 남자들은 그 아이에게 느물거리곤 했다. 다른 여자아이들은 제마가 잘난 척한다며, 남자들이 자기 두려움을 내게 투사하듯 자신들의 불안감을 그 애한테 투사했다. 선생들마저도 제마가 아름답다는 사실 때문에 그 애를 멍청한 아이 취급했다. 제마는 엄청나게 똑똑했고, 결국 주식거래인으로 성공했으며, 훗날에는 국제 비즈니스에 종사하게 된다. 내 삶을 나눌 수 있는 누군가가 생겼다는 사실에 나는 말로 표현하기 벅찬 안도감을 느꼈다.

열일곱 살 생일에 차를 선물받자 엄청난 자유를 손에 넣은 기분이 들었다. 운전면허 시험에 합격한 뒤로, 이제는 집을 뛰쳐나가는 대신 음악을 크게 틀고 담배를 쥔 손을 차창에 느슨하게 걸친 채 한 번도 간 적 없는 곳으로 차를 몰았다. 어느덧 예전에 느끼던 고립감도, 막막함도 사라졌다. 매일 차로 등하교를 하면서 더는 버스 안에서 놀림을 당하며 일상이 된 모욕을 마주하지 않아도 된다는 사실에 감사했다. 내게는 혼자만의 시간과 공간이 생겼다. 제마와 나는 우리에게 생긴 새로운 탈출 도구를 흠뻑 즐겼다. 금요일에는 점심을 먹으러 동네 피자익스프레스에 가는 것만으로도 우리만의 〈섹스 앤 더 시티〉 같은 순간을 누리는 기분을 만끽했다. 제마의 부모님은 부자였고, 학교에서 마을이 몇 개는 떨어진 곳에 위치한 커다란 컨트리하우스에 살았기에 차 없이는 등하교할 수가 없었다. 수업이 없는 시간이면 우리는 제마의 집에서 텔레비전을 보고 운동을 따라 하거나 널따란 정원 구석에서 멘톨 담배를 빽빽 피워댔고, 여름이면 그 애 집 수영장에서 수영했다.

그럼에도 내 초미의 관심사는 여전히 집에서 최대한 멀리 떠나는 것이었다. 합격한다면 글래스고 대학교에 가고 싶었다(하지만 합격할 리가 없었다). 비록 진단을 받지는 않았지만 임상적 우울증이 분명할 정도로 철저한 우울에 사로잡힌 채 수년을 보낸 터였다. 그것만 아니었다면 성적이 좀 더 좋았을 거라는 생각이 든다. 그래도 대입 과정A levels에서 B 세 개를 받은 내 성적은 2지망인 브라이튼 대학교에 들어가기에는 충분했다. 나 자신을 안전하게 표현할 수 있는 공간이라는 점에서 패션에 관심이 있었지만, 그럼에도 내가 가장 관심을 가진 건 생각과 감정을 종이 위로 옮기면서 창조적인 삶을 살아가는 다양한 방법들을 탐구하는 일이었다. 그래서 나는 영어와 미디어 커뮤니케이션을 전공하기로 했다.

브라이튼은 LGBT 커뮤니티의 규모가 상당한 곳이라는 걸 알고 있었다. 그곳은 생기 있고 국제적인 데다가, 내가 아는 한 이혼한 사람이 한 명도 없던 마을인 스탠스테드 마운트피쳇에는 없는 모든 게 있는 곳인 것만 같았다. 황홀했다. 희열을 느꼈다. 다시는 돌아오지 않을 사람처럼 소중한 물건들을 모조리 챙겼다. 나는 마침내 상경하는 어린 퀴어였다! 나 자신을 보호하려 만든 껍데기를 벗어던지고 싶었다. 떠나던 날 밤, 머리를 곱슬거리는 모호크 스타일로 깎았다. 나는 다른 사람이 되어 브라이튼에 도착할 것이다. 환경이 달라질 테고, 현실도 변할 테고, 난 영원한 행복을 누리겠지. 그러나 탈출은 그런 식으로 이루어지는 것이 아니다. 자기 자신에게서 도망칠 수는 없다. 목적지는 언제나 나 자신이니까. 내가 도망치기를 그만둔 건 나 자신을 더는 도망치고 싶지 않은 집으로 만든 뒤였다. 그 사실을 좀 더 빨리 알았더라면 좋았을 거라는 생각이 든다.

섹 스

이성애 규범적 서사를 우선하는 세계에서 기쁨, 로맨스, 그리고 행복은 오로지 이성애자들에게만 허락되곤 한다. 이성애자가 아닌 사람들이 하는 것은 성행위에 불과하다. 이성애 사회는 전반적으로 사물의 물성 너머를 생각지 않는 경우가 많다. 성적인 파트너를 찾기 시작하기 전 성장기에 나는 단 한 명의 동성애자도 알지 못했는데, 이보다 더 최악이었던 건 퀴어도 기쁨을 누릴 수 있다는 이야기를 들어본 적 없었다는 점이다. 동성 결혼은 말도 안 되는 일로 여겨졌으며, 훗날 영국 총리가 될 보리스 존슨이 2001년에 발표한 저서 『친구들, 유권자들, 국민들 *Friends, Voters, Countrymen*』에서 동성 결혼을 수간에 비교했던 것과 유사한 견해들이 팽배한 시기였다. "그런 일이 일어날 것 같지는 않지만 만약 동성 결혼이 허용된다면, 두 남성 간의 결합이 가능한 것과 마찬가지로 세 남성 간의 결합, 또는 아예 세 남자와 개 한 마리의 결합이 불가능할 이유가 무엇인지 모르겠다."

동성애자로 실면서 가족을 꾸리는 삶 역시 주류 미디어가 동성 부부를 아동 학대자로 그려내는 것과 궤를 같이하며 악마화되었다. 동성 부모는 그럴싸한 재료가 되어 황색 언론의 헤드라인을 장식했고 이 때문에 동성애 혐오적 비난의 희생양이 되었다.

모든 미디어에 이성애 서사가 만연했으므로, 나는 당연히 그 어떤 로맨스도, 동반자도, 나만의 가족을 꾸리는 일도 기대할 수 없다고 믿으며 자랐다. 이성애자들에게 섹스는 연애의 일부이자 사랑의 일부로 허용되었지만, 퀴어와 섹스의 결합은 그저 쾌락주의, 섹스 클럽, BDSM 클럽, 육욕일 뿐이었다. 선량한 사람들마저도 "당신 파트너 같은 사람을 만난다면 나라도 동성애자가 될 수 있을 것 같아요" 따위의 말을 칭찬이랍시고 하는 이유가 그것이다. 이들은 동성애 관계란 오로지 성적 끌림으로만 이루어지는 것이라고 생각한다. 오늘날 퀴어는 예전보다 가시화되었으나, 아직도 대부분의 사람들은 퀴어의 사랑을 떠올릴 때 가장 먼저 섹스를 떠올린다.

우리의 섹슈얼리티는 우리의 성적인 감정, 생각, 욕망, 그리고 궁극적으로 우리가 어떤 사람에게 성적으로 끌리는가에 따라 결정된다. 그러나 사회가 매력적이라 여기는 대상은 끊임없이 변하고, 그렇기에 우리가 매력적이라 여기도록 기대되거나 길들여지는 대상 역시도 변한다. 역사적으로 사회의 성적 취향은 우리가 매일같이 노출되는 거의 모든 것에 영향을 미치는 방식으로 변화하고 확장해왔다. 성적 지향성과 별개로, 섹슈얼리티는 우리 정체성과 불가피하게 뒤엉켜 있다. 내가 어떤 젠더에게 끌리는가뿐 아니라 사회가 어떤 체형, 인종, 생김새, 체격, 능력, 행동을 '매력적'이라거나 '용인할 수 있는' 것으로 간주하는가에 이르기까지, 우리는 자신의 섹슈얼리티를 이해하는 과정에서 사회로부터 인정을 받거나 수치심을 느낀다. 사회적 섹슈얼리티의 진화는 그 자체로 계속해서 진화하는 트랜지션이다.

섹슈얼리티를 이성애자, 게이, 양성애자, 레즈비언, 범성애자, 무성애자(를 비롯해 이에만 국한되지 않는 여러 정체성) 등으로 정의하는 건 우리를 타인에게 설명하는 데도 도움이 되지만 나아가 우리의 사회적 정체성을 확립하는 데도 도움이 된다. 자신의 정체성을 이해하면 공동체의 감각, 지지, 문화와 인정에 접근할 수 있기 때문이다. 역사적으로 줄곧 이성애주의 또는 '이성애자' 정체성을 규범으로 두었던 서양 사회에서는 특히 더 그렇다. 사회가 우리의 성적 감정을 어떻게 승인하거나 낙인찍는가에 따라, 섹슈얼리티가 우리가 자신을 바라보는 시각에 영향을 주는 방식 또한 크게 달라진다. 예를 들어, 가부장제 사회가 레즈비어니즘 그리고 두 여성 간의 섹스를 성애화하는 방식은 이 사회가 두 남성 간의 섹스를 바라보는 시각파는 다르다. 또, 사회는 남성의 양성애보다는 여성의 양성애나 여성이 복수의 젠더 정체성에 끌리는 것을 좀 더 쉽게 승인한다.

내 섹슈얼리티는 보다 폭넓은 내 정체성의 진화와 함께 진화해왔다. 섹슈얼리티는 사회 대부분이 기대하거나 권장하는 방식대로 고정되지 않는다. 내 섹슈얼리티는 유동적이다. 내가 사람들이 매력적이라 느낄 때, 이 매력은 그 사람들의 젠더 정체성이나 생식기에 근거하지 않는다. 개인적으로 나는 '퀴어'라는 단어를 가깝게 느낀다. 1980년대 후반에서 1990년대 초반, LGBTQIA+ 활동가들과 퀴어 이론가들이 퀴어라는 단어를 되찾고 전유했다는 사실로부터 힘을 얻는다. 퀴어라는 단어는 역사적으로 억압에 뿌리내리고 있었지만, 그들은 이 뿌리를 뽑아낸 뒤, 이를 우리 공동체 안에 존재하는 무한에 가까운 정체성의 스펙트럼을 기념하는 포용적이며 포괄적인 용어로 만들어 새로운 세대에게 되돌려주었다. 나는 퀴어라는 단어가 다른 용어에 비해 제약이 덜하다고 느낀다. 퀴어는 자유롭고 해방감을 준다. 나는 그것이 바로 섹슈얼리티의 아름다움이라고 생각한다. 우리 각자가 개인적인 것만큼이나 섹슈얼리티 역시 개인적인 것이다. 극히 개인적인 이 자아의 한 요소는 대부분 타인의 눈에는 잘 보이지 않지만 그것을 어떻게 표현하고 정의할지는 우리의 선택에 달려 있다.

내 섹슈얼리티가 진화했다는 말이 반드시 그것이 변화했다는 뜻은 아니다. 내가 퀴어라는 느낌은 언제나 내 안에 존재했으나, 나는 자라면서 점점 더 나와 사회를 이해하게 되었고 점점 더 몸과 정신의 조화 속에 존재할 수 있게 되었다. 그 과정에서 숨겨져 있던 감정과 자기 이해가 드러났다. '섹슈얼리티의 유동성'이라는 말은 가로막힘, 수치심, 트라우마, 기대의 제거를 가장 잘 표현할 수 있는 단어인 것 같다. 트랜지션 하기 전 나는 나를 게이로 정체화했는데, 그 시절에는 이 몸, 이 사회 속에 이성애자나 동성애자가 아닌 다른 무엇이 존재한다는 사실을 몰랐기 때문이다. 나는 속수무책으로 남성에게 끌렸으며 사회는 이런 감정이 잘못된 것이라 했다. 나는 내가 남성일 것이라 추측했고, 태어날 때의 지정 성별이 남성이었으니 내가 게이일 것이라 추측했다. 모두들 남성이라 지칭하는 몸 속에 살면서, 남성의 몸에 성적으로 끌리기 때문이었다. 그러나 젠더 트랜지션 과정에서 내 몸이 점차 제자리를 찾으면서 섹스와 섹슈얼리티를 바라보는 관점 역시 자리를 찾아갔다.

종종 명확하지않아 혼동을 불러일으키는 사실이 있는데, 섹스는 우리가 하는 행위이고 섹슈얼리티는 우리가 느끼는 감정이라는 것이다. 실제 행위를 수행하지 않더라도 감정을 느낄 수 있다. 성적인 경험이 없는 어린이도 퀴어일 수 있다. 성관계를 해본 적 없는 사람도 퀴어일 수 있다. 이성과 사귀면서도 퀴어일 수 있다. 동성과 섹스 하더라도 동성애자가 아닐 수 있다. 이성과 섹스 하더라도 이성애자가 아닐 수 있다. 대부분의 사람, 여기서는 스스로 다수라 느끼는 이들은 수백 년간 성적인 차이를 저지해야 할 변태적인 것으로 그려내며 사회를 통제했다. 이성애가 규범이 되는 사회에서 동성애는 단순히 성행위로만 환원되는 변태적인 성적 충동이고, 소아성애를 비롯한 다른 약탈적 행위들과 같은 취급을 받는다.

어린 시절 바닷가 마을로 가족 휴가를 갔다가 생긴 일이다. 부두에 있는 공중화장실로 가던 길, 우리는 누가 봐도 게이인 남자와 마주쳤다. 화장실에서 나오던 누군가가 아버지, 남동생, 나를 향해 그 남자에게 가까이 가면 안 된다고 경고했다. "조심해요, 안에 푸프poof가 있어요." 그러면서 그는 아버지를 향해 우리가 성추행을 당하지 않도록 잘 지켜보라는 신호를 했다. 내가 어릴 때 게이 남성이란 곧 성추행범이었다. 이토록 공포스러운 환경 속에서, 나는 내 성적 충동대로 살아간다면 괴물이 되거나 적어도 괴물 취급을 받을 것이라는 두려움에 완전히 사로잡혔다. 두렵다고 해서 자기 자신을 쫓아버릴 순 없기에, 사회는 또 다른 선택지를 내주었다. 즉, 자기혐오였다. 서른여섯 살이 된 지금, 나는 수치심과 고립감에서 시작된 우울증 때문에 자살을 선택한 퀴어들을 너무 많이 알고 있다. 현실로부터 도피해야 한다는 감정에 쫓기다 약물 과용으로 죽은 이들이 너무 많다. 퀴어가 아닌 사람에 비해 너무나 많은 수의 퀴어가 죽었다. 2023년 유스챈시스Youth Chances 조사 결과 영국의 LGBT 중 52퍼센트가 자해 경험이 있다고 밝혔고 이는 이성애자 응답자 중 35퍼센트만 그런 경험을 지닌 것과 사뭇 비교된다. 또, LGBT 중 44퍼센트가 자살 사고를 경험한 것에 비해 시스젠더 · 이성애자 중 26퍼센트만 그런 경험이 있다고 응답했다. 스톤월 UK의 조사 역시 18세에서 24세 사이 LGBT 청소년 중 13퍼센트가 그해 자살을 시도한 경험이 있다는 결과를 보여주었다.

전통적으로 보수적인 서사들은 우리가 퀴어인 것은 근본적으로 무언가 잘못되었기 때문이며, 동성애와 트랜스 정체성은 억압이나 기도로 없앨 수 있다고 믿게 만들었다. 그러나 우리가 잘못한 것이 있다면, 그건 우리가 이성애자나 시스젠더로 태어났더라면 얻었을 기쁨, 로맨스, 행복, 기회, 존중이 가득한 미래를 얻을 권리를 끊임없이 부정하는 사회적 서사와 마주했을 때 느낄 수밖에 없는 감정을 받아들이려 고군분투한다는 것뿐이다.

○ ○ ○

1999년이다. 나는 열두 살이고, 맨체스터에 사는 게이 남성 세 명의 삶을 보여주는 영국 드라마 〈퀴어 애즈 포크Queer as Folk〉가 채널 4에서 막 방영을 시작했다. 〈퀴어 애즈 포크〉는 처음으로 퀴어가 인간적으로 다루어지는 모습을, 퀴어의 삶이 단지 섹스 이상으로 그려지는 모습을 본 경험이었다. 드라마 속 퀴어 인물들은 만족스러운 삶을 살았다. 즐겁게 살았다! 자신들만의 소통 방식이 있고, 각자가 선택한 가족 역동이 있었다. 드러내 놓고 길거나 짧은 연애를 하기도 했다. 그들은 퀴어로 사는 것에 자부심을 느꼈다. 〈퀴어 애즈 포크〉는 어떤 면에서 또 한 번 성적 자각을 한 계기이기도 했다. 그 드라마를 보기 전, 나는 퀴어의 삶이란 영원히 벽장 속에 머무르다가 어쩌면 겉치레를 위해 결혼을 한 뒤 남몰래 동성과 짧은 만남을 가지는 삶일 거라 짐작했다. 우리 동네에서 퀴어를 한 번도 만난 적 없었고, 학교에서 섹슈얼리티에 대해 아무것도 배운 적 없었으며, 대체로 인터넷 속 포르노를 통해 퀴어 경험을 접한 나로서는 퀴어의 삶에도 기쁨이 존재할 수 있을 거라 상상조차 하지 못했다.

〈퀴어 애즈 포크〉는 그저 드라마일 뿐이었지만, 나에게는 처음으로 퀴어들이 진실되게, 그러니까 이차원적인 스테레오타입이나 과도한 성욕을 지닌 성도착자, 개탄스러운 대상이 아니라 입체적인 인물로 그려지는 모습을 본 경험이었다. 부모님이 잠자리에 든 뒤 내 방 텔레비전으로 〈퀴어 애즈 포크〉를 보곤 했다. 부모님은 늘 내 방문을 살짝 열어놓게 했기에, 나는 나무 바닥이 삐걱거리는 부분이 어디인지 잘 기억해두었다가 방 저쪽으로 살금살금 기어가 텔레비전을 켠 뒤 볼륨을 한껏 낮춘 채 드라마를 보았다. 거짓말에 속아 들어오게 된 연옥으로부터 빠져나와 진짜 세상으로 순간이동 하는 기분이었다. 비밀과 고립 속에서 살지 않아도 되는 곳이 존재했다. 내가 언제나 나 자신일 수 있는 세계였다. 스탠스테드 마운트피쳇을 탈출하는 것이 내 가장 큰 꿈이 되었다. 또, 이때는 진짜 나를 찾으려면 적극적으로 진실을 추구하여 기대되는 규범에 담긴 거짓 서사를 거부해야 한다는 걸 처음으로 직감한 순간이기도 했다. 그러나 실제로 그럴 수 있게 된 건 오랜 시간이 흐른 뒤였다.

○ ○ ○

엄마에게 커밍아웃 하고 몇 달 뒤, 나는 인터넷 채팅방에서 만난 어떤 남자에게 첫 경험을 빼앗겼다. 익명의 상대와 처음으로 대화한 것도, 처음으로 성적인 행위를 한 것도 아니었지만 내 얕은 지식으로는 삽입이야말로 '진짜 섹스'였기에, 삽입을 해본 건 그때가 처음이었다. 인터넷 채팅방을 통해 내 섹슈얼리티를 탐험하고 있던 나는 어떻게 보면 다른 누군가를 찾기보다 나 자신을 찾아다니고 있었던 것 같다. 수많은 사람과 대화를 나눈 뒤 선택하는 사람은 주로 나보다 연상이었는데, 경험이 많은 사람을 만나고 싶어서였다. 나이가 더 많다고 속일 때도 있었지만 이 남자에게는 내 진짜 나이를 말했다. 졸업반이 되기 전, 나에게는 내가 어디로 가는지, 누구를 만나는지, 왜 만나는지를 믿고 말할 수 있는 친구가 아무도 없었고, 당연히 부모님께도 말할 수 없었다. 이 상황이 얼마나 위험하게 흘러갈 수 있는지 까맣게 몰랐다.

인터넷 채팅방에서 만난 청소년이 무슨 말을 한들, 열다섯 살짜리가 자신이 얼마나 자율적이라 주장한들, 성인은 결코 그 청소년을 이용해서는 안 된다. 우리가 대화를 나누기 시작한 지 고작 며칠이 흘렀지만, 나는 로그인하기 전부터 오늘이야말로 내가 처음으로 '완전한 섹스'를 하는 날이 될 것이라고 마음을 정했다. 그 경험을 어떤 상대와 해야 할지에 대해서는 그만큼 깊이 생각하지 않았는데, 내가 생각하는 섹스란 순수하게 나 자신, 내 욕망, 내 성적 좌절과 대답 없는 질문들에 관한 것이었기 때문이다. 타인과 친밀한 관계를 맺는 것이 어떤 기분인지 알고 싶었다. 내 감정을 쏟아붓고 싶었고, 그 감정을 이해하고 싶었다. 아무에게도 내 섹슈얼리티를 털어놓을 수 없었기에, 내 섹슈얼리티에 깃들 수 있는 방법은 이런 것뿐이라고 느꼈다.

그 남자는 삼십 대 중반이었다. 내게 보내준 사진과 내 앞에 서 있는 사람은 동일인이라 생각하기 어려울 만큼 딴판이었지만, 기차를 타고 옆 마을로 가 기차역 뒤 주차장에서 그 남자를 만났을 무렵에는 하려던 일을 끝마쳐야 한다는 책임감뿐이었다. 머릿속으로 이 순간을 너무나 많이 상상한 나머지 이제 상대방이 누구인지는 더이상 중요하지 않았다. 그럼에도 불구하고, 내 첫 경험은 엉망진창이었다.

어색한 분위기 속에서 차를 타고 그 남자가 하우스메이트 세 명과 함께 사는 지저분한 집에 도착한 우리는 곧바로 일층에 있는 그의 방으로 갔다. 섹스는 정말 별로였다. 비교 대상이래 봤자 귀에 거슬리는 소리가 나는 전화 접속 인터넷이 연결된 우리 집 컴퓨터로 몰래 본 포르노뿐이었지만, 그럼에도 섹스가 원래 이렇지 않다는 사실을 알 수 있었다. 불꽃이 튀지도, 상대와 연결된 느낌이 들지도 않았다. 가장 최악이었던 건 방이 너무 지저분해서 우리 둘이 누울 자리를 만들려고 구겨진 옷과 빈 과자 봉지를 치워야 했다는 점이었으리라. 겁이 나고 역겨움을 느꼈지만, 집에서 한 시간이나 떨어진 여기까지 와서 나보다 스무 살은 많은 남자에게 "마음이 바뀌었다"라고 말할 수도 있다는 가능성은 떠오르지조차 않았다. 다시 역으로 돌아가는 길, 차 안에는 불편한 침묵, 그리고 아까 역에서 출발했을 때와는 다른 종류의 긴장이 감돌았다. 남자는 차를 세운 다음 나를 향해 몸을 기울이더니 말했다. "우리 둘만의 비밀로 하자, 알았지?" 나는 그의 말뜻을 정확하게 알아들었고, 그가 자신이 한 일이 잘못되었다는 걸 인정하려고 마지막 순간까지 기다렸다는 사실에 소름이 돋았다. 당연히, 다시는 그 남자를 만난 적 없다. 그 뒤로 처음에는 희망찬 기대를 품었지만, 곧 확실한 실망이 뒤따르는 일이 반복되는 짧은 만남이 잇따랐다.

누군가와 진정한 관계를 맺는 기분을 처음 느낀 건 열여섯 살 때였다. 상대는 나보다 나이가 한참 많은 경찰관이었다. 섹스 하면서 마음이 편했던 상대도, 연결된 듯한 느낌이 들었던 상대도 그가 처음이었다. 그와 함께 있을 때면 내가 오로지 욕망의 대상이기만 한 것도 아니었고, 누군가와 성적인 행위를 나누는 것에서 편안함을 느꼈다. 나는 새로운 방식으로 섹스를 즐기게 되었다. 분출보다는 경험이 중요한 섹스였다.

그러나 그와의 관계에서도 위험은 여전히 존재했고, 그가 내게 느끼게 해준 새로운 편안함과 자신감은 오래지 않아 이용당하고 말았다. 그는 내가 그에게 편안함을 느낄수록 점점 더 불법이 분명할 뿐만 아니라 내 건강과 정신적 안녕까지도 위협하는 행동을 하라고 강요했다. 우리 관계에서 힘의 균형은 한쪽으로 치우쳐 있었다. 경험도 없었고 성교육도 받지 못한 나로서는 심각한 결과를 낳을 수 있는 성적 행위를 강요당하는 게 어떤 의미인지 완전히 이해할 수 없었다.

그와의 만남이 두어 달 이어진 뒤 자신감이 상당해진 나는 침대에서 새로운 시도에 기꺼이 응하게 되었다. 그런 순간이면 내게 힘이 있다고, 내가 섹시하며 상황을 통제할 능력이 있다고 느꼈다. 어느 날 그는 콘돔을 사용하지 않고 성관계를 맺는 장면을 캠코더로 촬영하자고 졸랐다. 섹스 테이프를 만든다는 게 내 입장에서는 딱히 흥분되는 일이 아니었지만, 그가 그런 일에 흥분한다는 사실을 알자 나도 그 일을 해내고 싶었다. 그는 섹스를 "콘돔 없이 하면 훨씬 좋다"고, "다들 그렇게 한다"고 했고, 내가 성병을 걱정하자 자신이 "얼마 전 검사했다"고 우겼다.

물론 지금은 그가 내게 한 일이 그루밍이었다는 사실을, 권력과 신뢰를 가진 사람에게 내가 이용당한 것이었다는 사실을 안다. 나는 이제 막 법적으로 섹스를 해도 되는 나이가 되었지만, 아무리 상대 혼자 보는 것이라 해도 섹스 장면 촬영에 동의할 나이는 절대 아니었다. 그는 내가 미성년자 포르노 제작에 참여하게 만들었고, 내가 안전한 섹스의 중요성에 대해 안타까울 정도로 무지하다는 점을 이용했다. HIV가 무엇인지 어렴풋이 알았지만, 그런 이야기를 해준 사람이 아무도 없었기 때문에 그 위험은 비현실적이고 동떨어진 것이라고, 내게는 일어날 리 없는 것이라고 생각했다.

○ ○ ○

모르는 사람들과 섹스 하는 일이 늘어날수록, 섹스는 십 대 시절 나의 은밀한 분출이자, 외로움을 덜고 내 섹슈얼리티를 더 인정받을 수 있는 방법이 되어갔다. 섹스를 진심으로 즐기지 않았음에도 섹스를 갈구했다. 섹스 자체만을 위한 섹스는 내 취향이 아니라는 걸, 중요한 건 상대와 연결되는 느낌이며 그것이 낯선 사람이 나를 만지거나, 키스 하거나, 나와 섹스 하는 것보다 더 고차원적이고 깊이 있는 진정한 쾌락의 열쇠임을 깨닫지 못한 시절이었다. 진정한 친밀감에 꼭 섹스가 동반되어야 하는 게 아님을 지금은 안다. 그러나 그 시절의 내게 섹스는 그만한 가치가 있는 일이었다. 내 피를 빨리 돌게 하며, 자꾸만 더 많은 걸 원하게 만드는 일이었다. 내 삶의 다른 어떤 곳에서도 섹슈 얼리티를 인정받지 못했던 나에게 이런 감정은 나의 안녕을 위해 꼭 필요한 것이었다. 섹스는 육체적인 행위 그 이상이었다. 무의식중일지라도, 섹스는 세상에서 내가 차지하는 자리가 어디인지, 내가 이런 감정을 느끼는 이유가 무엇인지 이해하고자 하는 엄청난 욕구이기도 했다.

나를 있는 그대로 받아들이는 남자들과의 만남은 어느 정도 위안을 주었지만, 그 위안은 대개 두렵고 또 혼란스러웠다. 낯선 사람과의 섹스, 나이 많은 남자와의 섹스에는 위험이 따랐으며 나는 착취에 노출되었다. 나이에 비해 성숙한 외모였기에 인터넷에서 종종 나이를 속이곤 했지만, 알고 보니 내 실제 나이는 아주 어린 사람과 섹스하고 싶어하는 나이 많은 남자들에게 매력적인 요소였다. 섹스에 호기심을 느끼는 청소년이 으레 그렇듯 나는 내가 어리지 않다고 생각했다. 나 자신을 어떤 위험에 몰아넣고 있는지 인정하고 싶지 않았던 건 물론이고, 그 사실을 이해하지조차 못했다.

나를 둘러싼 세상이 주는 수치심에 휩싸인 채, 포르노나 가학적인 남성의 시선을 통해 성적 자각을 탐구하는 대신 제대로 된 성교육을 받았더라면 이런 일 중 어떤 것도 일어나지 않았을 것이다. 〈퀴어 애즈 포크〉를 볼 때 쏟아져 들어왔던 낙관은 대표성, 역할 모델, 공동체의 부재로 인해 으스러져 사라진 지 오래였다. 도대체 동성애자로 살아가며 어떻게 자긍심을 느낄 수 있는 건지 이해할 수 없었다. 내면화된 수치심을 의식적으로 품고 다녔고, '정체가 드러나면' 그 대가로 신체 또는 언어 폭력을 당할 것이라는 경계심을 내려놓을 수 없었다. 한때 일회성 만남은 매일 마주해야 하는 타인의 판단으로부터 피난처가 되어주는 것만 같았다. 그러나 이제는 그저 하나의 해로운 환경에서 또 다른 해로운 환경으로 쫓겨간 것에 지나지 않았음을 안다.

제대로 된 교육, 지도, 공감과 연민, 심지어 나를 조금이나마 이해하는 사람만 있었더라도 나는 섹스 자체를 더 잘 이해할 수 있었을 것이다. 섹슈얼리티 때문에 고민하는 학생들을 교사가 지지할 수 있는 합법적인 방법이 있었더라면 내가 그 시절을 얼마나 잘 헤쳐나갈 수 있었을까 하는 생각이 든다. 자신의 섹슈얼리티를 인지하지 못한 상태를 벗어나 이를 인지하고 적극적으로 참여하는 상태로 전환하는 것은 우리가 배려 깊고 예의 바르며 수용적인 어른으로 자라나는 데 크나큰 역할을 한다. 나는 우리가 섹스를 이야기하는 방식, 그리고 섹스를 이야기하지 않는 방식이 둘 다 중요하다고 생각한다.

내 또래, 그리고 윗세대가 으레 그랬듯, 중고등학교 시절에 받은 성교육은 없는 것이나 마찬가지였으며 그나마도 이성애에만 집중되었다. 성교육 강사가 초조한 표정으로 바나나에 콘돔을 씌웠던 것, 그 뒤 충격적일 정도로 생생한 출산 영상을 보았던 게 희미하게 기억난다. 과학실의 등받이 없는 의자에 앉아 그 영상을 보던 중 몇몇 아이들이 졸도해 바닥에 쓰러지기까지 했다. 학교 교육과정에는 성교육이 필수였으나, 그것은 언제나 이성애 '규범'이라는 맥락에서 이루어져야 하는 것, 쾌락이 제거된 임상적인 방식으로 이야기되어야 하는 것이었으며 이런 식의 교육은 내가 퀴어건 아니건 미래에 겪게 될 성적 접촉에 대비하는 데도, 내 감정을 이해하는 데도 아무런 도움이 되지 않았다.

동성애자로 커밍아웃하기 전, 날뛰는 호르몬과 방황하는 정신을 지닌 인터넷 시대의 웬만한 십 대들과 마찬가지로 나는 내게 주어진 유일한 선택지인 포르노를 찾았다. 분명히 밝히자면, 나는 지금도 포르노를 반대하지 않는다. 그러나 청소년들이 섹스 하는 법을 배울 수 있는 유일한 선택지가 포르노라는 것에는 단연코 반대한다. 열세 살 아이가 어른들이 성행위를 연기하는 모습을 시스젠더 이성애자 남성의 시선을 통해 바라보며 성적 쾌락, 미래의 연애, 자기 몸에 대해 배워가서는 안 된다.

청소년들에게 섹스 이야기를 하지 않는다고 해서 이들이 섹스를 하지 않는 것도, 섹스를 이해할 수 있는 다른 수단을 찾지 않는 것도 아니다. 그들은 그저 나처럼 준비 없이, 결국은 섹스를 하게 될 뿐이다. 아이의 정체성이 '전통적 가치'라 여겨지는 그 무엇과 부합하지 않는다고 해서 제대로 된 성교육을 해주지 않는다면 그것은 사회가 이 아이들의 미래 가치를 어떻게 인식하는지를 보여주는 메시지이기도 하다.

앞서 이야기했지만, 학교 수업에서는 그 어떤 방식으로도 동성애를 언급할 수 없도록 법으로 금지했다. 나는 눈에 띄는 표적이었지만 동시에 나 자신을 숨겨야 했다. 내가 누구인지를 소리 내 말할 수 없었고, 내 성적 정체성을 알아가는 데 교사가 도움을 주는 일도 법적으로 금지되어 있었기에 도움을 부탁할 수도 없었다.

나는 내 안에 갇힌 채로 스스로를 부끄러워하며 고립된 기분으로 살아갔다. 나에게 커밍아웃이란 수치심에서 벗어나는 전환의 시작이었음이 분명하다. 커밍아웃은 해방이었고, 또한 타인과 나의 수치심이 더는 나를 가둘 수 없으며, 가장 진실한 최선의 나, 내가 자긍심을 느낄 수 있는 모습의 내가 되는 일을 막을 수도 없다는 깨달음이었다. 나는 세상에 이성애자와 동성애자 두 부류만 존재하는 줄 알았다. 내가 동성애자라는 사실 말고는 퀴어에 대해 아는 바도, 이해하는 바도, 표현할 언어도 없었다. 나는 태어날 때 남성이라는 성별을 지정받았다. 나는 모두가 남성이라고 부르는 몸속에 살고 있었으며 남성에게 끌렸다. 수치심에서 자긍심으로 나아가는 전환의 과정은 우리 모두가 겪는 것이지만, 나를 비롯한 여러 LGBTQIA+는 이런 과정을 주기적으로 경험한다. 퀴어가 평생 딱 한 번만 커밍아웃한다는 건 잘못된 믿음이다. 퀴어인 우리는 자주 찾는 공간도, 우리 주변의 사람들도 계속 바뀌므로, 살면서 셀 수 없을 정도로 많은 커밍아웃을 해야 한다.

세계가 이상적이기만 하다면 그 누구도 커밍아웃 할 필요가 없을 것이다. 그러나 안타깝게도 우리는 이상적인 세계에 살고 있지 않다. 성적 낙인, 수치심, 편견, 편향, 정보 부족, 차별, 그리고 일부 지역에서는 범죄화에 이르기까지 이 모든 것들이 여전히 세계 곳곳에 존재하며 퀴어한 성적 정체성을 규범을 벗어난 것으로 여기는 문화를 만들어낸다. 우리가 어떤 사람에게 끌리는가 하는 사적인 일이 우리의 정체성을 공적으로 정의하는 요소가 된다. 우리 모두에게는 자신 안의 이런 면을 처리하는 각자의 시기가 있다.

커밍아웃이라는 행위, 또는 LGBTQIA+의 커밍아웃을 기대하는 행위가 실제로 어떤 의미인지 비판적으로 생각해보자. 궁극적으로 커밍아웃은 자신이 이성애자/시스젠더가 아니라는 사실을 밝히는 행위다. 즉 자신이 같은 성별의 사람이나 다양한 성별의 사람들에게 성적으로 끌린다는 사실, 트랜스젠더인 경우 태어날 때 지정된 성별로 자신을 정체화하지 않는다는 사실을 밝히는 행위다. 그러나 커밍아웃을 둘러싼 대화가 여기서 끝나는 일은 드물다. 이 대화는 커밍아웃을 하는 사람이 성생활, 성적 욕망, 연애 상태에 관해 이야기해야 한다는, 이성애자에게는 하지 않는 기대로 이어진다. 섹스와 연애에 관해 이야기하는 것 자체는 문제없지만, LGBTQIA+가 이성애자의 경우 요구받지 않는 성적 정체성의 세부 사항을 밝히라는 기대를 받게 되는 것은 문제다. LGBTQIA+의 커밍아웃을 기대하는 사회는 퀴어의 감정을 '타자화할' 뿐 아니라, 이들이 준비되고 안전해지고 지지받기 전에, 때로는 자신조차 확신하기 전에 감정을 밝히라고 압박을 가한다. Z세대 중 자신을 오로지 이성애자로만 정체화하는 사람들의 비율이 66퍼센트에 불과하다는 사실을 감안하면 퀴어는 점점 사회의 변칙적 존재라는 이전 세대들의 관념으로부터 벗어나고 있다.

　물론 부정적인 면만 있는 건 아니다. LGBTQIA+에게 성정체성을 고도로 투명하고 개방적으로 밝히라는 압박이 가해지는 덕분에 우리는 이성애자보다 성적으로 더욱 해방된다. 어쨌거나 우리는 섹스에 관해서 이야기하는 것에도, 타인이 우리의 성정체성을 어떻게 바라보는가와 관련된 불편한 대화를 해내는 일에도 더 익숙하기 때문이다. LGBTQIA+의 자긍심은 그 자체로 성정체성과 성적 욕망을 빌미잡아 퀴어 공동체에 수치심을 주려는 이성애 규범적 사회의 시도에 대한 불복종이다.

청소년이 과거보다 더 빨리, 더 많이 LGBTQIA+로 정체화하고 있다는 건, 이들이 더 빨리, 더 많은 사람들 앞에서 커밍아웃하라는 기대를 받는다는 의미이기도 하다. 기울어진 운동장을 수평으로 만들기 위해서는 커밍아웃 이전 모든 종류의 성적 감정에 대해 이야기를 나누고, 섹슈얼리티를 부끄러워하거나 숨기기보다는 확인받고 인정받는 기분을 느낄 수 있어야 한다. 더는 이성애가 규범이자 기대되는 표준으로서 중심을 차지해서는 안 된다. 서로를 이해하고 서로의 차이를 폭로되어야 하는 사실로 보기보다는 가치 있는 것으로 바라볼 수 있는, 따라서 커밍아웃을 기대하지도, 커밍아웃이 필수이지도 않은 환경을 만들기 위해서는 어린 시절부터 모든 정체성을 포용하고, 의식하고, 지지해야 한다. 수치심에서 벗어나는 전환은 우리 모두가 함께하는 과정이기 때문이다.

○ ○ ○

2005년 9월, 나는 대학에 진학하려 스탠스테드를 떠나 부모님과 남동생과 함께 차를 타고 브라이튼으로 가고 있다. 가는 내내 나는 엄마의 언짢은 기분과, 아버지의 침묵과, 이 때문에 상처받은 내 마음을 외면하려 이어폰을 끼고 있다. 두 분이 하는 그 어떤 말도 내게 필요한 말이 아니다. 나는 아버지가 내게 관심을 가져주기를, 엄마가 내 편을 들어주기를, 부모님이 내게 기대하는 모습이 아니라 있는 그대로의 나를 지지해주기를 바란다. 그러나 아직은 꿈도 꿀 수 없는 일이기에, 뮤직비디오에 등장하는 사람처럼 이어폰을 낀 채 창밖만 바라본다.

우리가 탄 차가 여태까지 내 삶을 규정하던 지형지물들로부터 점점 멀어진다. 용돈벌이로 아르바이트를 했던 가게, 아침마다 스쿨버스를 기다리던 정류장, 아버지와 싸운 뒤면 달려가던 자연보호 구역 입구. 이런 것들을 뒤로 하고 떠나자니 해방감이 느껴지고 힘이 솟고 카타르시스가 밀려온다. 지형지물을 지나칠 때마다 더는 이런 것들이 나를 규정짓지 않는다는, 스탠스테드를 마침내 탈출했고, 새출발과 함께 내가 원하는 누구든, 무엇이든 될 수 있을 것만 같다는 기분이 든다. 브라이튼에 도착할 무렵에는 들떠서 자꾸만 웃음이 나오는 바람에 미소를 참으려 입술을 축여댄다. 이곳의 낯설고 새로운 지형지물들이 하나씩 등장할 때마다, 나를 새로이 발명할 순간이 눈앞으로 다가왔으며 삶이 마침내 나만의 것이 되었다는 자각에 불이 붙는다.

앞으로 내가 살 집에 도착하자 부모님은 차에서 상자를 내려 계단 위 내 방까지 함께 옮겨준다. 이사하기 전, 엄마와 함께 브라이튼을 방문해 1학년 때 지낼 집을 미리 구해두었다. 내가 수업을 듣는 곳은 도시 중심지까지 버스로 30분이나 걸리는 허허벌판에 있는 팔머 캠퍼스였다. 그곳에 도착하는 순간, 여긴 내가 있을 곳이 아니라는 걸 알았다. 나는 기숙사를 둘러보지도 않고 마음의 결정을 내렸다. 이 호젓한 캠퍼스는 대탈출을 상상하며 그려왔던 자유와는 딴판인, 스탠스테드를 떠올리게 하는 곳이었다. 그래서 자취할 집을 구하는 신입생들에게 하우스메이트를 연결해주는 행사에 참석했고, 이곳에서 나처럼 최대한 도시 중심지 가까이에 살고 싶어하는 학생들을 네 명 만났다. 내 하우스메이트 후보들은 모두 이성애자로 여학생 셋, 남학생 하나였다. 우리는 저마다 다른 캠퍼스에서 수업을 듣고 전공도 달랐던 데다가 서로 공통점도 별로 없었지만, 다들 괜찮은 친구들 같았고, 내게는 집의 위치가 더 중요한 문제였다.

그렇게 우리는 브라이튼의 게이 동네인 켐프타운에 집을 얻었다. 해변은 물론, 내가 가보고 싶어 안달이 났던 게이 바들까지 모조리 걸어서 갈 수 있는 곳이었다. 방 크기가 가지각색이어서 우리는 서로 알아갈 겸 술 게임을 하면서 제비뽑기로 방을 정했다. 나는 운 좋게도 꼭대기 층의 큰 방을 뽑았다. 마침내 내 삶이 괜찮아지기 시작했던 거다.

짐을 내려준 부모님이 다시 스탠스테드를 향하기 전, 우리는 샌드위치와 차로 함께 요기를 한다. 이때쯤 나는 얼른 부모님을 보내고 내 삶을 시작하고 싶은 생각뿐이어서 거의 입을 열지 않는다. 헤어지기 전, 엄마가 나를 안은 순간, 내가 앞으로 엄마를 얼마나 그리워하게 될지 깨닫는다. 나를 위해 이렇게나 희생하며 모든 걸 내어준 어머니 앞에서, 집을 떠나는 것만으로 행복해한다는 사실에 죄책감을 느낀다. 하지만 그때, 나는 내가 도망치려는 상대가 엄마가 아니라는 사실을 깨닫는다. 나는 나 자신, 나의 진실은 물론, 그 당시의 나로서는 도저히 말로 표현할 수 없을 만큼, 모든 것으로부터 떠나려 하는 것이다. 아버지는 남자들끼리 하는 어색한 포옹을 하더니 내 등을 두들긴다. "몸 잘 챙기고, 잘 지내라." 그 말을 남긴 뒤 부모님은 차에 오른다. 새집 현관에서 부모님을 향해 손을 흔들고 있자니 엄청난 해방감이 쏟아진다. 바로 이거야. 이제 시작이야.

나는 다시 집 안으로 들어가 문을 닫는다. 계단을 뛰어올라 내 방으로 간 뒤, 지워지지 않는 사인펜으로 X라고 굵게 표시

해둔 상자를 연다. 그 안에는 내가 스탠스테드에서 보낸 마지막 한 해 동안 새 삶을 준비하며 몰래 모아둔 자잘한 물건들이 들어 있다. 내 방 옷장 맨 안쪽 구석, 자물쇠 달린 상자에 보관해두었던 화장품, 향수, 잡지며 옷가지들이었다. 제마가 준 립글로스, 가게에서 슬쩍한, 향기가 너무 달달해서 뿌리면 저절로 눈썹을 치켜들게 되는 향수, 〈애티튜드〉 잡지들이며 패션 잡지 부록으로 받은 매니큐어. 나는 직접 커스텀한 청바지와 회색 인조 퍼 재킷을 꺼내 입은 다음 보라색이 도는 베리 향 립밤, 크림 같은 질감의 메탈릭 브론즈 아이섀도우를 바르고 한 발짝 물러서 거울에 비친 나를 본다. 가능성이 보인다. 나를 마주 보는 그 사람에게서 낯선 자유가 느껴졌다. 얼굴에 안도의 미소가 번진다. 난 이제 내 사람들을 만나게 될 것이다. 나와 닮은 모습을 가진, 나를 있는 그대로 바라봐 줄 사람들.

대학에서 첫 학기가 시작하고 처음 몇 달간 나는 수업이 없을 때면 같은 집에 사는 여학생들인 제이드, 사리아, 킴과 어울리며 시간을 보냈다. 하우스메이트 중 유일한 남학생인 폴은 우리보다 나이가 많았고 장거리 연애를 오래 이어가는 중이어서 대체로 혼자 지냈다. 가족 말고 다른 사람과 사는 것이 처음이던 우리는 곧 각자가 집에서 느끼는 편안함, 깔끔함, 나쁜 습관, 유별난 성격을 알게 되었다. 다들 서로를 거슬리게 만들었

다. 의도치 않은 사소한 일들이 쌓이고 쌓여 큰 짜증을 유발했
다. 제이드는 이틀에 한 번꼴로 온 집안 사람들이 잠을 설칠 만
큼 시끄럽게 섹스 하는 경향이 있었다. 사리아는 하루가 다르
게 기분이 휙휙 바뀌고 새로운 드라마를 일으키는 예측 불가능
한 성격이었다. 킴은 뒤에서 하우스메이트 모두를 씹어대다가
도 당사자와 직접 대면했을 때는 시치미를 뚝 떼곤 했다. 한편
나는 청소를 열심히 해야 한다는 생각이 없었고 당연히 잘하지
도 못했다. 처음에는 다 함께 자매애에 가까운 우정을 나누어보
자는 마음으로 시작했지만, 몇 달 만에 우리는 엄격하게 하우스
메이트의 선을 지키게 되었다. 월세를 걷는 것은 내 책임이었는
데, 때로는 하우스메이트와 접촉하는 일이 월세를 걷는 때뿐이
라서 딱히 불편하지는 않았다.

대학 진학을 위해 도시로 나온 작은 동네 출신 신입생들이
으레 그렇듯, 나는 평일이면 밤새도록 파티를 즐겼고 대형 강의
실에서 졸지 않으려고 애썼다. 내 사회성 배터리는 완충 상태
였기에 혼자서도 거리낌 없이 바나 클럽을 쏘다녔다. 퀴어 커
뮤니티에서 일종의 공동체 의식을 느끼기는 했지만, 상상과 완
전히 똑같지는 않았다. 이곳에서 나는 나처럼 섹슈얼리티 때문
에 고립감을 느끼며 아직은 자신의 감정과 두려움을 표현할 수
없는 내 또래 사람들을 많이 만났다. 다들 처음인 것이 많았다.

첫 번째 대단한 로맨스, 첫 번째 실연, 첫 번째 대단한 성적 경험. 사람들은 자신이 속하고 싶은 커뮤니티를 찾아다니고 있었다. 친구 중 한 명이 BDSM을 경험하기 시작하면서 자기가 퀴어 문화에서 어느 쪽에 속하는지 알아내려고 노력했던 모습이 기억난다. 베어bear? 트윙크twink? 오터otter?* 나는 내가 어느 쪽에 속하는지 확신할 수가 없었다. 나는 '펨femme'**이나 '트래니tranny'***라고 불리곤 했다. 전통적 남성성의 제약을 받지 않는 남성들은 종종 그런 식으로 식별되곤 했다. 나는 여성적이고, 내 여성성이 좋았으며, 나와 같은 사람들이 많은 공간에 있다는 사실이 기뻤기에 펨이라 불리는 게 기분 나쁘지 않았다. 그러나 아무리 농담이라도 '트래니'라는 호칭은 시비를 걸거나 나를 하찮게 취급하는 것처럼 느껴졌다. 마치 내 여성성이 조롱당하고 폄하되는 느낌, 내가 타인의 즐거움이나 동정심을 유발하려 이곳에 있는 것 같은 기분이 들었다. 그 당시에는 어째서 그 말이 그토록 거슬리는지 꼬집어 말하긴 어려웠지만, 기분이 나빴던

- 외모를 기준으로 게이 남성을 분류하는 용어들. 베어는 체구가 크며 체모가 많은 남성적 신체를 가진 사람, 트윙크는 체모가 적고 날씬하며 나이가 어린 사람, 오터는 전반적으로 체모가 많고 늘씬한 신체를 가진 사람을 일컫는다.
- •• 사회적으로 여성적이라 여겨지는 외모를 지닌 레즈비언.
- ••• 트랜스젠더를 비하해 부르는 표현.

것만은 분명하다.

나는 나처럼 트라우마로부터, 외로움으로부터 도망치려는 이들, 상처로부터 벗어나려는 이들로 이루어진 공동체를 발견했다. 여성성, 특히 지기 안의 여성성을 두려워하는 게이 남성들을 찾아냈다. 나는 이곳에서도 지나치게 여성적이라는 취급을 받았다. 다들 이성애자로 패싱passing*되는 남성과 사귀고 싶어했다. 지난 경험에서 받은 상처가 너무나 큰 나머지 사회의 동성애 혐오를 내면화해 그것을 자신의 일부로 삼았던 것이다. 가부장제 문화에서 '진짜' 남자 또는 '제대로 된' 남자가 아니라는 조롱에 시달렸던 이들은 남성성을 트로피처럼 추구해야 할 대상으로 여겼다.

또 브라이튼은 기대한 것보다 백인 중심적이었고, 그 백인들의 대부분은 비판적인 사고를 하지 않았다. 백인 위주의 퀴어 커뮤니티에서 흑인으로 존재한다는 건, 페티시의 대상이 되어야 섹시할 수 있다는 의미였다. 스탠스테드에도 인종주의가 있었지만 브라이튼의 인종주의는 경솔하고 성애화된 것이었다. 사람들은 자신이 LGBTQ인 이상 인종주의자일 수 없다며, 우

---

* 자신의 정체성을 숨기거나 다른 정체성으로 보이게 행동하는 것. 또는 자신이 느끼는 정체성이 타인에게 무리 없이 받아들여지는 것을 가리키기도 한다.

리 모두 퀴어이니 인종차별 같은 것은 걱정하지 않아도 된다고 생각하는 듯했다. 순진하게도, 그리고 갓 성인이 된 젊은이 특유의 약간의 나르시시즘에 휩싸인 채 나는 내가 열렬한 성적 관심의 대상이 되기를 기대했지만, 그런 일은 일어나지 않았다. 과거에는 그 누구에게도 다가갈 방법이 없었다면, 이제는 다가갈 수는 있지만 결국은 구경꾼 신세였다. 사람들은 내게서 매력을 느낄 때 당혹스러워했고 더 최악인 건, 그런 일이 너무나 드물게 일어난 나머지 나 역시도 그런 상황에서 당혹스러워했다는 것이다. 대놓고 "난 흑인이랑은 안 자"라고 말하는 퀴어들도 있었다. 많은 흑인은 백인이라는 것을 추구해야 할 미적 기준으로 삼도록 길들여졌다. 나 역시 클럽 안의 사람들을 구경할 때도, 포르노를 구경할 때도 내 안에서 그런 면을 느꼈다. 의도하지 않았더라도 내 관심이 어디로 향하는지, 누구를 매력적이라 느끼는지, 누구를 낭만적으로 바라보는지에서 드러났다.

심지어 지금도 나는 무지한 상태에서 받은 세뇌가 남긴 그림자들을 붙들고 고군분투하는 중이다. 아직도 그렇다. 우리는 모두 자기가 좋아하는 것을, 자기가 좋아하는 사람을 좋아할 뿐이지만 우리가 어째서 누군가를 매력적이라고 느끼며 누구를 (그저 성적으로가 아니라) 낭만적으로 바라보는지, 우리에게 아름다움이란 무엇인지를 자세히 뜯어보면 그 근원은 우리가 어디서 자랐는가, 어린 시절 어떤 사람들이 아름답다고 배웠는가로 요약할 수 있다. 나는 그런 개념들을 의식적으로 풀어헤치고 뿌리 뽑으면서 섹스, 사랑, 아름다움에 대한 나의 생각을 능동적으로 탈식민화하는 작업을 해야 했다. 지기첩오나 흑인에게서 매력을 찾을 수 없다는 부정적인 관념들이 무의식중일지언정 내 안에 자리 잡고 있었다. 언제인지 기억나지 않을 만큼 오래전부터 나를 비롯한 흑인들은 아름답지 않다는 이야기를 들으며 자랐기 때문이다. 나는 타인의 목소리, 관점, 그리고 새빨간 거짓말을 내면화했다.

대학에 입학한 첫 학기, 로맨틱한 연애 비슷한 것조차 해보지 못한 채 익숙한 패턴을 반복했다. 또래 학생들이 아니라 나이 많은 남자를 만났고 대체로 익명성에 기대어 섹스를 했다. 도시에 왔다고 해서 결과가 바뀐 건 아니었다. 그저 방법이 달라졌을 뿐이다. 이제는 꼭 인터넷에서 사람을 찾을 필요 없이 밤 외출을 했을 때나 클럽 밖 흡연 구역에서 만날 수 있었다. 심지어 밤에 집으로 걸어가다가 만나는 경우도 있었다. 나는 나이 많은 남자들의 역동에 익숙했다. 그 역동 속에서 나는 복종적이어야 하며, 이를 편안하게 여겨야 했다. 내가 아는 건 그게 다였다.

내가 만난 남자 중에 시내에서 드래그 퍼포먼스를 하는 사람이 하나 있었다. 유머 감각과 매력은 무대를 위해 아껴두기라도 하는 것 같았다. 그 사람에게 나는 알아갈 대상, 안을 대상도 아닌, 그저 섹스 할 대상으로만 존재했다. 그에게 나는 그저 몸뚱이일 뿐이었다. 첫 섹스를 한 뒤 그는 감정이라고는 실리지 않은 무심한 표정으로 봉투를 하나 건네더니 아무것도 묻지 말고 자기가 떠난 뒤에 열어보라고 했다. 봉투 안에는 낡아빠진 수표로 총 100파운드가 들어 있었다. 그가 어떤 생각으로 그랬는지 아직도 확신할 수는 없지만 아마 우리가 잤다는 사실을 누구에게도 말하지 못하도록 입막음 조로 준 돈이었다고 생각한다. 또 그가 나와 잤다고 아웃팅 한다면 나 역시 성매매자로 나 자신을 아웃팅 하게 된다는 의미였다. 돈을 받은 이상 성매매를 한 것이나 다름없었으니까. 아니면 내가 돈 때문에 또 그를 만나기를 바라서였을지도 모르겠다. 섹스는 원하지 않더라도 돈은 원할 수 있으니까? 지금의 내게는 뻔히 보이지만 열아홉 살 빈털터리 대학생에게 이미 했던 섹스의 대가로 예상치 못하게 주어진 100파운드라는 돈은 나를 조종하려는 수작으로 여겨지진 않았다. 그러나 아마 상대도 그 점을 노렸을 테다.

나는 상대와 연결되지 못하는 섹스는 공허할 뿐이라는 사실을 서서히 깨닫기 시작했다. 내가 진정으로 찾는 것, 진정으로 원하는 것은 바로 연결이었다. 진정한 연결감 말이다.

젠 더

종종 "그러면 트랜스젠더라는 사실을 처음 깨달은 건 언제예요?"라는 질문을 받곤 한다. 하지만 유레카의 순간, 즉각 알아차릴 수 있는 자각의 순간은 존재하지 않았다. 사춘기가 되자 내 몸이 내게 맞지 않는다고 느꼈고, 내가 살면서 행한 모든 변화가 맹목적으로, 또 유기적으로 일어났다. 자신이 트랜스젠더라는 사실을 깨닫는 결정적 순간을 겪은 사람들도 있다. 그러나 보통은 아주 오랫동안 하나씩 떠오른 단서들이 전부 합쳐져서 같은 방향을 가리키는 식이다. 나는 그저 내게 가깝고 내가 자유로울 수 있는 방향을 향해 중력처럼 이끌렸을 뿐이다.

현대 서양 사회는 여자아이들에게는 분홍색, 남자아이들에게는 파란색, 바비와 액션 맨, 치마와 바지처럼 성별 이분법의 코드에 깊이 뿌리내리고 있다. 아주 최근까지만 해도 성 역할은 명확하게 구분되어 사회적으로 준수되었고, 특히 미디어는 남성은 영웅으로, 여성은 구원을 기다리는 순결한 소녀로 그리곤 했다. 남성이 주인공이라면 여성은 조력자나 연애 상대다. 남성이 논리적인 의사 결정자라면, 여성은 정서적인 조언자다. 할리우드가 채택한 남편, 아내, 두 자녀로 이루어진 핵가족은 여전히 바람직한 목표로 여겨진다.

우리는 어린 시절부터 성별 고정관념은 물론 성별 이분법이 실제 존재한다고 믿게끔 세뇌당해왔다. 전 지구상에 존재하는, 성별 이분법 사이와 바깥의 정체성들에 대해 서양 사회는 무지한 것이나 마찬가지다. 어째서 우리는 태어날 때 지정되는 성별에 따라 어린이나 청소년을 이분법적으로 가정하는 데 동의하는 걸까? 자신이 유기적으로 어떤 사람인지를 알아가도록 청소년들을 격려하기보다 케케묵은 식민주의적 세뇌에 무의식적으로 찬동하고 있는 건 아닐까? 오늘날 우리의 젠더 정체성은 태어날 때 음경을, 질을, 또는 둘 다를 가졌는지에 따라 국가에 의해 결정된다. 부모가 "우리는 아이가 원하는 젠더를 선택하게 하고 싶어요" 하고 말한다 해도, 여전히 우리의 젠더는 생식기에 따라 결정되어 국가에 등록된다. 우리는 정부가 검열한 정체성을 넘어서는 우리 자신을 자각할 기회를 빼앗긴다. 그러나 우리는 개인이고, 젠더에 대한 우리의 인식은 우리 경험에 기반한 것이며, 이 경험들은 개개인에게 고유한 것이다.

터프TERF라고 불리는, 트랜스젠더를 배제하는 래디컬 페미니스트들은 모든 사람이 해방되는 걸 두려워하는 것 같다. 트랜스 여성이 인간으로 대우받는다면 자신들이 여성으로서 받은 억압이 없는 일이 되기라도 하는 것처럼 말이다. 어떤 면에서 터프들은 진짜 문제를 보여주는 셈이다. 그들이 남성으로부터 위협을 느끼는 건 당연한 일이지만, 트랜스 여성은 남성이 아니며 다른 여성들과 마찬가지로 가부장제, 그리고 사회에서 기능하는 남성성으로부터 고통받고 있다는 점 말이다. 모든 여성은 우리가 살아가는 체계를 혁명함으로써 해방된다. 터프들 중 다수는 그들과 우리가 모두 세상에 존재하지 못하도록 방해하는 체계를 그대로 유지하고 싶어한다.

브라이튼으로 이사하고 넉 달이 지나자, 나는 브라이튼의 퀴어 문화가 지닌 쾌락주의에 흠뻑 젖었다. 신입생들끼리 보드카 소다에 흠뻑 취해 바를 쏘다니다가 게이 남자 네 명, 레즈비언 한 명으로 이루어진 친구들도 만났다. 곧장 마음이 맞은 우리는 정기적으로 만나 밤 외출을 즐기고, 일요일 브런치를 먹고, 해변 나들이를 가고, 영화를 보러 다녔다. 나는 서비스업 경험이 없는데도 해변에 있는 유명한 게이 바에서 일하게 되었다. 이 일이 사람들을 만나고 내 사회생활의 폭을 넓힐 좋은 기회라고 생각했다.

때때로 습관처럼 자신을 숨길 때도 있었지만, 진정한 나 자신을 숨길 필요가 없다는 건 새롭고도 짜릿한 기분이었다. 내가 원하는 옷을 입고, 행동을 검열하지 않으면서 내 젠더 표현은 점점 더 자유로워졌다. 스타일도 진화해나갔다. 오래전부터 바랐던 대로 머리를 기른 뒤 높이 세워 스프레이로 고정한 모호크 스타일로 손질했고, 밤 외출을 할 때면 붙임머리로 볼륨을 더했다. 메이크업과 네일아트를 실험했고, 여유가 있을 때는 손톱을 연장하기도 했다. 한층 더 여성적인 느낌을 주는 아치형으로 눈썹 모양도 바꾸고 여성용 상의와 청바지를 입었으며 대담하고 싶을 때는 하이힐을 신었다. 같이 어울리는 무리 중 나와 이름이 같은 사람이 있었기에, 나는 새로 사귄 친구가 지어준 '먼로'라는 중성적인 별명을 쓰기 시작했다. 마릴린 먼로의 점을 흉내냈다고 해서 '더 먼로'라고 불리던, 윗입술 왼쪽 피어싱을 한 덕에 붙은 별명이었다. 나는 그 뒤로도 그 이름을 쓰게 되었다. 새로운 이름을 얻은 뒤 내심 안도했고, 또 들떴다. 태어날 때 얻은 이름에는 학교와 괴롭힘의 기억이 따라다녔기 때문이다. 새로운 이름은 반가운 자유의 조각이자, 재기의 상징 같았다.

가끔 집에 갔지만 아주 가끔이었고, 그나마도 주말에만 짧게 머무르는 게 고작이었다. 스탠스테드로 돌아갈 때면 마치 시간을 거꾸로 거슬러 예전의 내 모습으로 퇴보하는 기분이었다. 집은 변한 게 없었다. 하지만 나는 분명 변했다. 보통 나는 연한 메이크업을 하고 여성용 상의에 매니큐어를 칠한 채로 나타났다. 평소 한껏 꾸민 모습과는 달랐지만, 스탠스테드에 살던 시절의 내 모습보다는 이 모습이 더 나답게 느껴졌기 때문이다. 아마 그때 나는 '알 게 뭐야'라는 심정으로, 이제 더는 부모님 집에 살지 않는 어른이라고 주장하며 침묵의 반항을 했던 것 같다.

엄마는 내 모습을 무척이나 마음에 들어 하지 않았다. "좀 더 사내애답게 하고 다닐 수는 없니? 눈썹이 너무 가늘잖아"라든지 "손톱을 그렇게까지 길러야겠니?" 하고 말이다. 아버지는 아무 말도 하지 않았지만, 도저히 인정할 수 없다는 듯 곁눈질로 내 손톱을 바라보고 있다는 건 느낄 수 있었다. 집안의 분위기는 경직되고 말았지만, 예전이라고 달랐나?

여름방학이 되자 에식스로 돌아가 초조하게 손이나 꼼지락거리고 있을 마음은 추호도 없던 터라 드래그 클럽에서 문지기 일을 하기로 했다. 나는 드래그에서 극도의 도취감을 느꼈다. 나는 스스로를 트랜스젠더로 정체화할 언어를 갖기 전부터 나를 가리켜 퀸이라는 호칭을 쓰곤 했다. 드래그는 이전까지 한 번도 경험해본 적 없는 내 안의 한 부분을 열어주었다. 드래그는 그저 화장, 가발, 하이힐과 딱 붙는 드레스로 이루어지는 것이 아니다. 드래그는 깨어나는 감각, 완전한 상태로 존재하고 두려움 없이 대담해질 수 있는 자신감을 얻는 감각이었다. 드래그를 하고 외출할 때 최고의 내가 된 것 같았다. 수치심 없이, 모두가 있는 그대로 볼 수 있도록 내 감정을 온몸에 두르고 다니기라도 하는 것 같은 해방감을 느꼈다.

〈루폴의 드래그 레이스〉 같은 쇼들이 혜성같이 등장해 주류 미디어에서 성공을 거두면서 드래그는 과거에 비해 사회적으로 더 용인되었다. 이와 동시에, 이성애 규범적 사회의 시선 속에서 드래그는 마치 멋진 옷을 차려입을 또 다른 명분에 불과한 듯이 과거보다 덜 급진적이고, 덜 거슬리는 것이 되었다. 그러니 드래그는 본질적으로 혁명적인 것이다. 드래그는 자기 자신과 자신의 정체성을 둘러싼 모든 것에 맞서도록 만든다. 드래그는 우리가 젠더와 맺는 관계는 물론 우리가 드러내는 우리 자신의 모습까지 풀어헤친다. 우리가 입는 옷은 모두 우리가 자신을 어떤 모습으로 보며, 세상이 우리를 어떤 모습으로 바라보기 바라는가를 반영한다. 우리는 제각기 다른 환경 속에서, 다른 기분으로, 다른 드래그를 하며 스스로를 수행한다. 최대한 압축

해서 표현하자면 우리가 하는 모든 일은 드래그이고 우리가 몸에 걸치는 모든 옷이 드래그이며 우리가 하는 모든 자기표현 역시 젠더 수행이다. 그러면 젠더가 수행이 아니면 무엇인가 하는 질문이 등장한다. 가장 자연스러운 자아는 벌거벗은 날것이며, 사실 그 밖의 모든 것은 드래그의 한 형태일 뿐이다.

당시 나는 내 젠더 표현을 '드래그'라 지칭했는데, 그건 내가 하고 있는 것이 드래그라고 생각했기 때문이기도 하지만, 이는 또한 내가 진정한 젠더 정체성을 탐구하는 방법이었고 오래전부터 찾아다녔지만 여전히 꼭 짚어 말로 표현할 수 없던 승인의 감정에 다가가는 방법이기도 했다. 드래그는 내 불안과 사회성 부족에 맞서 싸울 수 있게 도와주었다. 내 몸을 편안하게 느낄 수 있는 기쁨을 내 삶에 가져다주었다. 내가 나 자신을 바라보는 방식을 바꾸었다. 웬만해선 거울을 보지 않던 내가 마치 처음으로 나 자신을 보기라도 한 것처럼 인정을 받고 힘을 얻은 기분이었다. 드래그는 내게 불편한 일을 할 자신감을 주었는데, 예를 들면 아버지에게 전화를 걸어서 내 연애 생활과 섹슈얼리티라는, 오랫동안 피해왔던 주제로 대화를 나눌 수 있게 해주었다. 아버지는 실망감과 어색함을 숨기려 애썼지만, 나는 다시금 나의 주인이 되었다는 데서, 너무 수치스러운 나머지 입에 올리지조차 못하던 내 삶의 어떤 부분들을 더이상 숨기지 않는다는 데서 안도감을 느꼈다. 어쩌면 오래전부터 방 안에 있었던 코끼리의 존재를 마침내 인정함으로써, 우리가 여태까지보다 더 나은 관계의 초석을 쌓아나갈 수도 있으리라는 생각이 들었다.

이 여름철의 엄청난 짜릿함이 박살 난 것은 브라이튼 대학교 2학년 때였다. 나는 하루도 빠짐없이 매일 밤 외출을 했고 다음 날 아침에는 강의를 들으러가기 위해 기어나와 주저앉은 채로 간신히 샤워를 하고 진한 커피를 한 잔 마신 다음 주로 캠퍼스로 가는 버스 안에서 눈을 붙였다. 처음에는 이 끔찍할 정도로 충만한 생활을 충분히 감당할 수 있다 생각했고, 신나기까지 했다. 하지만 1학년을 보내고 나자, 수업이 좋았고 글쓰기를 정말 좋아했음에도 불구하고 과제 마감을 못 맞추는 일이 잦아졌다. 부모님 집에는 아예 가지 않았고, 그러다 어느 시점부터는 부모님께 전화를 걸지도, 전화를 받지도 않게 되었다. 어떤 날은 너무 지치고 소진되어 커튼을 닫고 누워 온종일 잠을 잤다. 그럴 때면 내일은 덜 피곤하기를 바라는 것 말고는 원하는 게 없었다. 이런 날이 잦아지다가 웬만한 날들이 다 그렇게 되었고, 그러다 매일이 되었다. 혹시 도움이 될까 싶어 지역의료기관에 진료를 예약했다. 그때는 대학교 공부에서 비롯된 과도한 스트레스와 부담감이 원인일 거라 생각했다. 정신건강 문제를 터놓고 이야기하던 시절이 아니었기 때문이다. 진료실에 앉자 의사가 내 얼굴을 보고 걱정하는 기색이 역력했기에 상대의 눈을 차마 똑바로 마주 볼 수조차 없었다. 의사는 체중을 재도 되는지, 식욕이나 식습관에 변화가 생기지는 않았는지 물어보았다.

몇 년간 자기 통제의 수단으로 음식 섭취를 제한하고 있다는 걸 아무도 모르게 숨겨왔지만, 마침내 폭발한 것 같은 기분이 들었다. 나는 늘 그랬듯 내가 식이장애를 겪고 있을 가능성을 부정했다. 그러나 움푹 들어간 볼, 멍한 표정, 가슴과 등에 도드라진 갈비뼈를 보고 있는 의사가 내 말에 속을 리 없었다. 진료가 이어질수록 점점 더 "괜찮아요", "아무렇지도 않아요" 하고 말하기가 어려워졌다. 더는 나 자신도 확신이 없어서였다. 나는 자리에 앉아 나오지도 않는 미소를 억지로 지어보려다가 뜻밖에 울음을 터뜨렸다. 몸을 반으로 접다시피 구부린 채 히스테릭하게 부들부들 떨며 울었다. 의사가 자리에서 일어나더니 내가 울음을 그칠 때까지 꼭 안아주었고, 그 뒤에는 내게서 신경성 식욕부진증, 심각한 불안과 우울 증상이 보인다고 말했다. 약을 처방하면서 그날 오후부터 복용하되 내게 딱 맞는 조합의 약을 찾아 호전되기까지는 시간이 걸릴 것이라고 했다. 어떤 기분을 느껴야 할지 애매한 상태로 병원을 나섰다. 뭐라도 답을 들어서

다행이었지만, 내 앞에 놓인 회복을 향한 여정이 두려웠고, 그것을 위해 싸울 의지가 있는지 알 수 없었다.

약을 먹기 시작한 지 한 달 하고도 조금 더 지나자 약이 내 기분에도, 전망에도 영향을 미쳤다. 달라진 것 같고, 더 가벼워진 기분이 들었다. 이제는 학과 공부에 좀 더 집중 할 수 있고, 강의를 들으러 가려고 오전에 몸을 일으키기도, 집중하고 정보를 받아들이기도 더 쉬워졌다. 식욕도 살아났지만 그게 내가 신경성식욕부진증을 가지고 있으며 위험할 정도로 저체중이라는 사실을 들은 충격 때문인지, 아니면 정말로 음식을 먹고 싶은 생각이 있어서인지는 알 수 없었다. 죽고 싶지 않다는 것은 확실했으므로 아마 그 두 가지가 조합된 결과였을 테다. 한동안은 모든 게 다시금 괜찮아진 것 같았다. 충분하지는 않지만 중요한 진전이었다. 부러진 다리에 반창고를 붙인 것과 비슷했다. 진실은, 내가 내 현실에서 도피할 수 있는 것이라면 그 무엇이든 찾아 헤맸고, 브라이튼에서 내가 좇은 건 기쁨보다는 도취감이었다는 것이다. 탈출에 대한, 나 자신의 외모를 만끽하는 것에 대한, 내가 하고 싶은 일을 하는 것에 대한 도취감이었다. 기쁨은 지속 가능한 반면 도취감은 그렇지 않다. 엄청나게 불행한 상태라 할지라도 여전히 도취감을 느낄 수 있으니까.

○ ○ ○

    진단 결과에 대한 생각을 잠시 접어놓은 채로 2학년이 끝난 뒤 뜻밖에도 스탠스테드에서 여름방학을 보냈다. 그해 부모님은 가족 중에 아픈 사람이 생긴 데다가 여러 가지 일들 때문에 엄청난 스트레스에 시달렸기에, 나는 신경성식욕부진증, 우울증, 불안 장애 진단을 받았다는 사실을 엄마에게 말하지 않기로 했다. 이미 넘치는 걱정거리에 하나를 더 얹어주고 싶지 않았다. 엄마가 감당하기 힘든 정도의 스트레스를 받고 있다는 사실을 알고 있었다. 지치고 고단해 보였다. 엄마도 내가 괜찮지 않다는 걸 알았지만, 난 매번 아무렇지 않은 척했다. 내가 신경성식욕부진증을 앓는단 사실을 나조차도 아직 완전히 받아들일 준비가 되지 않았으니까. 이 증상은 내 몸과 마음 모두에게 위험한 것이었지만, 나에게 마치 통제할 수 있는 무언가가 생긴 것 같은 기분이 들기도 했다. 병이 나를 통제하고 있는 게 분명했는데도 말이다.

    고등학교에서 만난 몇 안 되는 친구들도 다들 고향을 떠난 뒤였기에, 나는 온라인에서 퀴어 친구들을 만나 다시금 스멀스멀 밀려드는 익숙하고 고통스러운 소외감을 막아보려 시도했다. 십 대 때 위로가 되었던 장소들을 찾아다니며 혼자 보내는 시간이 또 다시 많아졌다. 대학에 간 뒤 부모님이 내 차를 팔아버렸기 때문에 돌아다니려면 계획이 필요했다. 공동체에 쉽게 접근하고, 공통점이 있는 사람들과 어울릴 수 있었던 자유가 그리웠다. 또 내가 병에 걸리기 전 탐구하고 포용했던 검열 없고 걱정 없는 자아가 그리웠다. 내 또래 LGBTQ 친구들을 찾기엔 스탠스테드는 불모지에 가까웠다. 대부분은 벽장 속에 있거나 그저 잠자리만 원했고, 그렇지 않으면 나이가 많거나 이미 상대가 있어서 세 번째 사람을 찾으려 들었다. 선택적 세로토닌 재흡수 억제제를 복용하느라 성욕이 완전히 사라져버린 나에게는 그 어떤 선택지도 매력적이지 않았다. 나는 퀴어 친구들과만 느낄 수 있는 독특하고 친밀한 우정이 필요했고 이를 갈구했다.

셰인은 우리 집에서 30분 거리에 있는 공항에서 일했다. 페이스픽Facepic이라는 웹사이트에서 채팅하다 만나게 된 우리는 서로를 조금 알게 된 뒤 셰인의 근무가 끝난 다음 함께 와인을 마시기로 했다. 그렇게 신나게 웃어본 건 정말 오랜만이었다. 우리 둘 다 비슷하게 실없고 어두운 유머를 즐겼고, 우리가 사는 에식스 촌구석의 고루하고 느린 속도를 경멸했다.

쿨한 척했지만 사실 셰인이 좀 좋았다. 순수하게 낭만적인 감정인지, 아니면 마침내 대화하고, 포용하고, 함께 낄낄 웃을 수 있는 사람, 속마음을 털어놓을 상대이자 함께 울분을 터뜨릴 수

있는 상대, 이런 동네에서 퀴어로서 고립감을 느끼며 자라난다
는 것이 어떤 기분인지를 이해하는 사람을 만났다는 안도감으
로 인한 착각이었는지는 알 수 없었다.

여름방학이 시작되고 두 달쯤 지난 어느 날, 나는 근처 마을
의 야외 테이블이 있는 펍에서 셰인과 술 한 잔을 하러 갈 준비
를 하고 있었다. 나가기 전 부모님께 술을 마시고 셰인을 우리
집으로 데리고 와 영화도 보고 음식도 주문해 먹고 하룻밤을
재워도 되느냐고 물어보았다. 당연히 아버지는 안 된다고 했다.
하지만 브라이튼 생활이 나를 변화시킨 탓에, 더이상 내 눈에
아버지는 어릴 때처럼 엄청나게 남성적이고 권위적인 인물로
보이지 않았다. 그래서 아버지에게 대들었고, 큰 싸움으로 번졌
다. 아버지가 나를 있는 그대로 받아들이지 못한다는 생각이 들
었고, 청소년기의 사고방식으로 돌아가지 않으려면 맞서 싸워
야 한다고 생각했다. 싸움의 끝은 좋지 않았다. 나는 그날 바로
짐을 싸서 브라이튼으로 돌아가버렸다.

나 자신을 어떻게 하면 좋을지, 어떤 감정을 느껴야 할지 알
수 없는 채로 돌아온 브라이튼에서의 생활은 고되기만 했다. 정
신건강에는 차도가 없었고, 부모와의 싸움이 여전히 마음을 무
겁게 내리누르고 있었다. 여름이 끝날 무렵 나는 스물한 살 생
일을 맞았고 어머니가 브라이튼을 찾아왔다. 아버지가 함께 올

거라고 기대한 건 아니었지만 그래도 이렇게 중요한 날 나를 보러 오지 않는다는 사실에 새삼 실망했다. 우리 집 사람들은 모두 고집이 세고 나 또한 예외가 아니지만, 그래도 어쩌면 (단 하루만이라도) 서로 감정을 잠시 접어두고 가족처럼 지낼 수도 있으리라는 기대를 내심 했던 것 같다.

 이 어려운 시절에도 빛나는 순간은 있어, 데미라는 친구를 사귀었다. 밤에 해변가로 나갔다가 어느 집에서 열리는 파티에 참석해 만났다. 데미는 여태까지 알던 그 누구와도 달랐다. 길에서 스쳐 지나기만 해도 잠시 자기 이름마저 잊게 만드는, 그런 눈부시게 아름다운 당당한 미녀였다. 다른 차원으로 근사했다. 창가에 담배를 물고 서서, 머리카락 한 오라기 흐트러지지 않은 완벽한 모습으로 떠오르는 태양을 고요하게 바라보고 있던 데미의 실루엣이 기억난다. 사흘째 이어진 마약 파티의 여파에 시달리는 족스트랩 차림 게이들로 가득한 공간과 데미는 극명한 대조를 이루었다. 데미와 아는 사이가 되어야겠다는, 아니면 적어도 대화라도 나눠야겠다는 느낌이 들 정도로 그녀에게 강하게 끌렸다. 부엌에서 코에 케타민을 듬뿍 집어넣고 있던 누군가가 나에게 데미를 아웃팅할 때까지 나는 데미가 트랜스젠더라는 사실을 까맣게 몰랐다. "쟤가 트래니라는 거 믿겨져?" 나와 마찬가지로 데미의 매력에 사로잡힌 그들은 믿기지 않는다는 듯 그런 말을 무신경하게 내뱉었다. 데미가 이토록 아름답다는 사실이, 그리고…… '평범하다'는 사실이 나한테는 충격으로 다가왔다. 그저 그 자리에 존재하는 것만으로도, 자신이 브라이튼에 오기까지의 사연을 들려준 것만으로도, 데미는 여태 내가 내면화하고 있던 트랜스젠더에 대한 부정적인 생각을 전부 뒤집고 초월해버렸다. 그 자신은 몰랐겠지만 데미는 언제나 닫힌 문 뒤에 숨어 있던 나 자신의 일부분에 기쁘게 다가가도 된다는 허락을 해준 셈이었다. 너무 두려워서 한 번도 열지 못했던 문이었다. 데미가 진짜 나를 알아본다는 걸, 그 사실을 그녀도 안다는 걸 알 수 있었다…….

데미는 아직 젊은 나이였는데도 꼭 몇 번의 삶을 거듭 살아온 사람 같았다. 오스트레일리아에서 어린 시절을 보낸 뒤 두바이에서 젊은 가정주부로 지내다가 브라이튼으로 왔다고 했다. 데미는 보험회사라는 제대로 된 직장도 있고 가족과도 가까운 사이였다. 독립적이고 행복하게, 아주 잘 살고 있었다. 데미라는 존재 자체가 자기 자신을 편안하게 받아들일 수 있는 가능성을 증명했다. 그녀는 내가 트랜스젠더로 커밍아웃 하면 잃게 되리라 생각한 모든 걸 다 가진 것 같았다. 데미는 마술적일 정도로 특별한 아름다움의 소유자였지만, 한편으로는 마술적인 평범함도 지니고 있었다. 데미는 유명인이 아니었다. 배우도 아니었고, 화려한 삶과는 거리가 멀었다. 아침이 되면 자리에서 일어나 출근하고, 다섯 시에 퇴근하고, 주말엔 삶을 즐겼다.

그 뒤로 몇 달간 우리는 떼려야 뗄 수 없는 사이가 되었다. 나는 데미에게 내가 드랜스젠더일지두 모르며, 그녀she/her라는 대명사를 써보고 싶다고 말했다. 그 뒤로 데미는 애정을 담아 나를 자신의 딸, 그녀의 표현대로라면 "사랑하는 딸"이라고 불렀다. 데미 덕에 나는 여태까지 존재조차 모르던 젠더의 무한한 가능성이라는 세계에 눈을 떴다. 그전에는 내가 만약 트랜지션 한다면 진짜 세상과는 등을 돌릴 수밖에 없다고 생각했다. 모든 권리를 박탈당한 채 어둠 속에서 살아야 하는 줄만 알았다. 하지만 자신이 원하는 방식대로 빛 속에서 살아가고 있는 데미를 보는 것만으로도 희망이 생겼다. 데미 덕분에 나의 본능적인 자아를 더욱 가까이에서 느낄 수 있었고, 데미 옆에 있기만 해도 내 젠더 디스포리아gender dysporia•는 한층 나아졌다. 여태까지 평생 내 몸, 내게서 남성적이라 인지되는 부분, 내 젠더 정체성과 섹슈얼리티와 불화했던 이유들이 점차 납득되기 시작했다. 더 많은 걸 배우고 싶었다. 무엇이 가능한가를 넘어, 트랜스젠더로 살아간다는 것이 어떤 의미인지를 이해하고 싶었다. 데미는 영

• 신체와 젠더 정체성의 충돌로 인해 겪는 극심한 신체적, 정신적 불쾌감.

화, 책, 이야기를 통해 우리 공동체의 역사를 이해할 수 있도록 도와주었다. 겉모습을 여성적으로 바꾸는 방법도 조언해주었고, 처음으로 완전히 솔직하게 내 정체성을 털어놓으면서도 평가당하거나 비인간적인 대우를 받거나 오해받지 않을 수 있는 진정한 친구가 되어주었다.

그때까지 나는 성공한 트랜스젠더 이야기를 거의 들어본 적이 없었고, 역할 모델도 만나지 못했다. 나와 닮은 사람은 그 어디에도 없었다. 그 시절 내가 아는 유명한 트랜스젠더라고는 1990년대 후반에서 2000년대 초반 사이에 영국 텔레비전에 등장했던 몇 안 되는 트랜스 여성들이 전부였다. 예를 들면 1998년 유로비전 송 콘테스트 우승자로 트랜스 혐오적 언론의 끊임없는 괴롭힘에 시달리던 다나 인터내셔널이 있었다. 그다음에는 영국 드라마 〈코로네이션 스트리트〉 등장인물 헤일리 크로퍼가 있었는데, 긍정적으로 그려지기는 했지만 트랜스젠더 배우가 연기하지는 않았으며 열한 살짜리 혼혈 흑인 아이였던 나로서는 전혀 공감할 만한 인물이 아니었다. 게임 쇼 〈빅 브라더Big Brother〉 우승자 나디아 알마다는 2004년 온 국민의 마음을 훔쳤지만 이후 타블로이드 언론에 의해 과거에 성노동자였음을 아웃팅 당하고 조롱에 시달렸다. 2004년 리얼리티 쇼 〈미리암에게는 뭔가 특별한 것이 있다There's Something About Miriam〉에 출연했던 고故 미리암 리베라도 있었다. 젊은 싱글 남성 여섯 명이, 당시 타블로이드 언론이 쓴 불쾌한 표현을 따르자면, 미리암이 "남성으로 태어났다"는 사실을 모른 채 그녀의 마음을 얻기 위해 경쟁하는 쇼였다. 미리암이 트랜스 여성임이 밝혀진 뒤, 쇼의 남성 출연자들은 "상황을 몰랐던 참가자들에게 심리적·정서적 피해를 유발하고, 성범죄를 모의했다"는 이유를 들어 제작자에게 소송을 걸었다.

미디어에 등장한 트랜스 여성들은 타블로이드지의 입맛에 맞게 2차원적으로 그려졌는데, 이는 특별한 뉴스거리가 없는 날 "성전환 충격"이라거나 "그녀에게는 비밀이 있다" 같은 헤드라인을 붙여 써먹기 위해서였다. 트랜스 여성들은 사람들이 그들을 얼마나 섹시하다고 생각하는가에 따라 괴물로 그려지거나 페티시의 대상이 되었다. 그 시절 나는 "절대 저런 여성들처럼 되지 말아야지" 하고 생각했지만, 그건 사실 "나는 저 사람들이 겪은 일을 겪고 싶지 않아"라는 뜻이었다. 주류 미디어가 다루는 트랜스 서사는 단 한 가지, 바로 비극이었다.

물론 딱히 데미처럼 보험회사에서 일하고 싶은 건 아니었다. 데미가 자기가 선택한 대로 눈에 띄지 않는 삶을 산다는 사실이 좋았을 뿐이다. 어떤 사람들은 평범함을 당연하게 받아들인다. 그러나 트랜스젠더에게 평범함이란 특권이고, 종종 사회의 눈에 우리가 시스젠더로 얼마나 잘 '패싱'되는가의 여부에 달린 일이다. 그것이 공공장소에서 우리의 안전, 우리의 직업적 기회, 나아가 궁극적으로는 우리가 끝없이 타자화되거나 트랜스젠더라는 사실을 근본적으로 의심당하는 일 없이 세상을 헤쳐나갈 능력을 결정한다. 있어서는 안 되는 일이지만, 안타깝게도 여전히 그렇다.

트랜스젠더 또는 트랜지션을 원하는 사람들이 잠재적 고용주들의 눈에 '패싱'되지 못한다면 그들은 일터에서 환영받지 못하는 경우가 종종 있다. 그렇다, 우리를 보호하기 위한 법은 엄연히 존재한다. 하지만 사람들이 그 법을 알긴 할까? 또 그 법을 적법하게 준수하는가? 2022년 영국 트랜스젠더 커뮤니티의 실업률은 약 15퍼센트로 추정되었는데, 이는 전체 인구 실업률의 세 배다. 영국의 주요 LGBT 자선단체인 스톤월의 보고서에 따르면 고용주 중 33퍼센트가 트랜스젠더를 고용할 가능성이 "더 적다"고 인정했고, 43퍼센트는 직원이 트랜스젠더임을 알면서도 고용할 것인지에 대해서 "잘 모르겠다"고 응답했다. 법망을 피해 가는 방법은 다수 존재하며 배제당한다는 기분은 법으로는 막을 수 없다.

젠더를 탐색하기 시작한 뒤로 젠더에 관련된 그 어떤 질문이라도 생기면 데미는 늘 "뭐든 다 할 수 있어"라고 대답해주었다.

그 말이 꼭 필요한 순간들이 있었다. 데미는 트랜지션 이전의 삶에서 찍은 사진을 보여주었다. 지금과는 생판 다른 모습이었다. 그 사진을 보며 내 트랜지션에 대한 희망을 품을 수 있었다. 내 신체가 지닌 '남성성' 때문에 풀이 죽거나 한계를 느낄 필요가 없으며, 신체만이 중요한 것이 아니라는 생각이 들었다. "남들이 좋아하는 모습에 맞추려고 결정을 내려서는 안 돼", 그녀는 말했다. "중요한 건 남들이 너를 어떻게 보는가가 아니라 네가 누구인가야." 데미는 내 생각을 정리할 수 있는 질문들을 던졌고 덕분에 나는 미래를 내다보고 젊음이라는 짧은 경험 너머의 내 모습을 바라볼 수 있었다. "늙은 남자로 살래, 아니면 늙고 추한 여자로 살래? 아름다워지기 위해 트랜지션 해서는 안 돼." 데미의 말은 정말 내 가슴에 와닿았다. 나는 내 삶이 어느 쪽으로 가길 바라나? 내가 원하는 미래의 내 모습은 뭘까? 내 경험에 따르면, 내가 트랜스젠더임을 깨닫는 단 하나의 결정적 순간은 존재하지 않는다. 나는 무의식 속에서나마 늘 진짜 나를 알고 있었다. 하지만 데미를 만난 덕분에 내가 나를 이해하는 과정이 좀 더 빨라졌다. 데미의 존재는 나에게 내 감정, 희망, 두려움을 들여다볼 안전한 공간을 내어주었다. 데미가 나더러 트랜스젠더의 역사와 문화를 배워야 한다고 고집한 덕에 나의 자긍심에도 불이 붙었다. 데미가 잘 사는 모습을 보면 볼수록, 내가 트랜스젠더라는 사실을 받아들이기도 쉬워졌다.

데미는 내가 트랜스젠더의 진실이라 믿었던 모든 것들을 뛰어넘었다. 그러면서 내가 트랜스젠더의 삶이라 생각한 것을 뛰어넘을 가능성을 생각할 수 있게 해주었다. 내가 마음을 열어 트랜스젠더의 현실을 볼 수 있게 해주었고, 덕분에 나는 자기혐오와 뒤섞인, 내면화된 트랜스 혐오적 사고방식을 해소할 수 있었다. 내 세계는 트랜스젠더를 향한 타인들의 편협한 생각에 휘둘리고 있었던 것이다. 여태 내가 가깝다 느낀 모든 것이 다 트랜스였다. 그저, 그 말을 입 밖에 내본 적 없었을 뿐이었다.

데미를 바라보기만 해도, 트랜스젠더로 살아간다는 건 겉보기에만 아름다운 삶이 아니라 진정하고 완전한 삶을 살아가는 것임을 알 수 있었다. 진실한 삶을 사는 사람을 보고 있으면 나 또한 그렇게 살아도 된다는 기분이 들었다.

내가 만난 최초의 역할 모델인 데미에게 너무 많은 빚을 졌다. 그녀가 내게 수없이 많은 친절을 베풀었다는 사실을 그 당시에는 미처 몰랐다. 데미는 요리를 자주 했는데, 늘 혼자 먹기엔 치킨 수프를 너무 많이 만들었다며 집에 가져가라고 했다. 데미가 내게 음식을 먹이려고 일부러 그렇게 했다는 걸 시간이 흐른 뒤에야 깨달았다. 운 좋게도 데미는 우리 집에서 5분 거리에 살고 있었기에, 나는 감당하기 힘든 감정을 느낄 때마다 곧장 길을 건너 데미를 찾아갔다. 데미의 집을 떠날 때면 다시금 어둠으로 들어가는 기분이 들었다.

그러다가 어느 날, 데미는 별안간 사라지고 말았다. 우리는 매일같이 대화를 나누는 사이었기에 집이 나고 혼란스러웠다. 이런 일은 처음이었다. 그대로 몇 주가 지났고, 나는 무슨 생각을 하고 무슨 기분을 느껴야 할지조차 알 수 없었다. 내 한없이 약한 모습을 내보일 수 있었고, 내 정신건강을 증진시켜 주고, 그 누구와도 나눈 적 없는 내 안의 일부를 공유하던 멋진 친구가 이제는 사라진 것이다. 허공에서 뚝 떨어지는 기분이 들었다. 머릿속 생각이 멋대로 내달리는 바람에 제대로 음식을 먹을 수도 없었다. 당시에는 알지 못했지만 알코올 섭취가 늘어난 탓에 항우울제의 약효가 들지 않았고, 내 정신은 깊고 깊은 자기 파괴적 충동으로 나선형을 그리며 추락했다.

나는 하루에 시리얼 한 그릇, 블랙커피, 체중 감량용 알약만 먹으며 살기 시작했다. 하루 대부분을 잠으로 보냈고, 과도하게 술을 마셨고, 밤에는 약을 먹었다. 무감각해질 수 있다면 무엇이든 했다. 우울이라는 끊임없는 둔통으로부터, 또 비논리적으로 내달리며 불안을 자아내는 생각들로부터 도피하고 싶었다. 한동안은 효과가 있었지만, 머지않아 겉보기에도 상태가 나빠졌다. 온몸의 피부가 뒤집어지고, 머리카락이 빠지고, 성욕은 완전히 사라졌으며, 대학 수업에 출석할 에너지도 의욕도 거의 없었다. 나는 은둔자가 되어 밤에만 집을 나섰다. 내 안에 슬픔, 분노, 혼란이 너무나 많아서 어떻게 해야 할지 몰라 나 자신에게 화풀이를 했다. 마치 내가 더는 가지고 다닐 가치가 없는 짐이 되어 가장 취약한 순간에 버림받은 기분이었다. 그렇게 한 달이 지났을 무렵, 문예 창작 강사인 제스 모리아티 박사로부터 왜 수업에 들어오지 않느냐고, 연구실로 와서 면담을 하라는 이메일을 받았다. 나는 몸이 좋지 않다고 알린 뒤 면담 약속을 잡았다. 아마 그 이메일이 내 목숨을 구한 것 같다.

연구실로 들어가자마자 나는 곧바로 울음을 터뜨리며 브라이튼에 오기 전까지의 내 삶을 설명하려 애썼다. 나이 많은 남자들과의 관계를 통해 인정받으려다가 결국 스스로를 더 미워할 만한 일들을 겪은 것, 고향 이야기, 아버지와의 사이, 브라이튼에 오면 모든 게 나아질 줄 알았지만, 과거가 나를 따라온 것 같다는 이야기를 했다. 제스에게 내 젠더 정체성이나 데미가 사라진 이야기를 할 준비는 되어 있지 않았다. 그러나 그 순간부터 제스는 내가 나 자신을 구할 수 있도록 도와주었다. 제스는 내가 느낀 상처를 내 것으로 받아들이고, 그것을 내가 쓰는 글에 담으라고 격려해주었다. 제스 덕분에 다듬은 이 글쓰기 방법은 지금까지도 타인과 소통하고자 글을 쓰며 매일 활용하고 있다. 제스의 연구실에서 했던 그 상담이 없었더라면, 반드시 필요한 순간에 제스가 내어준 이해와 인내심이 없었더라면, 나는 지금 이 자리에 있지 못했을 것이다. 강의를 너무 많이 빼먹은 탓에 따라잡아야 할 것이 많았지만, 나는 최대한 술과 약을 피하고 상담사를 만나 식습관에 대한 도움을 받기 시작했다.

곧 데미와 다시 연락이 닿았다. 집 근처에서 낯선 사람에게 성폭행을 당했다고 했다. 몸은 괜찮지만 트라우마가 너무 심각해 모두와 연락을 끊었다고 했다. 나는 데미에게 모든 걸 말했는데 왜 그녀는 내게 자신의 이야기를 하지 않았는지, 그때는 이해할 수 없었다. 하지만 데미가 내 멘토 노릇을 하느라 부담을 느꼈으리라는 걸, 자신의 악마와 싸우고 있는 내게 차마 심각한 이야기를 털어놓을 수 없었으리라는 걸 지금은 안다. 그 시절 우리의 관계는 한쪽으로 치우쳐 있었고, 내가 그녀에게 일방적으로 의지했으며, 그래서 그녀에게 의지가 필요한 순간 나는 도움이 되지 못했다. 데미를 생각하면 가슴이 아팠지만 나역시 회복 중이었으므로, 우리는 다시 가까워지지 못하고 점점 더 멀어졌다. 나는 트랜스젠더라는 생각이나 트랜지션 계획을 전부 머릿속에서 치워버리기로 했다. 이런 일을, 그것도 혼자 헤쳐나갈 만큼 강하지도 현명하지도 못하다고 생각해서였다. 누구와도 이런 이야기를 나눌 준비가 되어 있지 않았다. 그래서 나는 이런 생각들은 마음속 깊은 곳에 묻어두고 '남자'로 계속 살아가기로 했다.

○ ○ ○

제정신으로 살아가려 온 힘을 다해 버텼지만, 그러다 어느 날 더는 버틸 수 없어졌다. 처음 프라이드 행진에 나간 건 대학교 1학년 때였다. 이만큼 짜릿하게 행복한 곳에 와본 적이 없어 어쩔 줄 몰랐고, 너무 들뜬 나머지 주변이 눈에 잘 들어오지도 않았다. 그러니 올해는 프라이드의 모든 순간을 즐기기로 마음을 단단히 먹었다.

그날은 계획대로 흘러가지 않았다. 당시는 강의를 듣다 만난, 쾌활한 성격에 키는 160센티미터가 채 안 되는 이집트 혼혈인 조디라는 친구와 함께 살던 때였는데, 그 집에서 친구들과 함께 하루를 시작하고 있었다. 다들 술을 마시다 알딸딸하게 취했을 때 한 친구가 이제부터 제대로 기분을 내보자며 환각 효과가 있는 멕시코산 선인장인 피요테를 꺼냈다. 피요테를 복용하는 건 처음이었지만, 딱히 거절하지 않았다. 10분쯤 지났을 때 전화벨이 울렸다. 할머니가 돌아가셨고 가족이 키우던 개도 죽었다는 엄마의 전화였다. 환각제를 복용한 직후에 듣고 싶은 뉴스도 아니었고 엄마가 전한 소식에 곧장 반응하기는커녕 제대로 이해하지도 못했다. 프라이드 현장에 도착한 뒤 약효가 돌며 환각이 시작되었다. 마치 피요테가 판도라의 상자라도 연 것처럼, 여태 마음속으로 느꼈던 모든 고통이 환각의 형태로 발현되기 시작했다. 지금까지 나는 음식을 거부함으로써, 때로는 몸에 칼로 상처를 내고 뜨겁게 달군 조리도구로 발바닥에 화상을 입히기도 하면서 자해를 해왔다. 프라이드 현장에서 나는 점점 불안해졌다. 자꾸만 어깨 너머에서 누가 날 감시하는 것 같은 기척을 느꼈지만, 돌아보면 아무도 없었다. 이곳에 모인 사람들도 내가 기대했던 것처럼 신나거나 기뻐하지 않는 것 같았다. 모든 게 두려웠고 감당할 수 없게 느껴졌다. 나는 하이힐을 벗어 던진 뒤, 친구들에게 말하지 않고 집까지 맨발로 걸어갔다. 곧 내가 사라진 걸 알게 된 친구들이 나를 찾기 시작했지만, 그 전에 사태는 이미 벌어지고 말았다.

아파트로 돌아온 나는 찬장에서 빵칼을 꺼내 손목을 그었다. 잠시 후 가장 친한 친구 토미가 아파트를 찾아왔다가 내가 수건으로 손목을 동여매고 있는 모습을 보았지만, 나는 그 이야기를 하는 것을 거부하고는 최대한 밝은 목소리로 차를 권했다. 토미는 핏자국을 더듬어 간 끝에 내가 침대 머리맡 바닥에 숨겨둔 칼을 찾아냈다. 나는 자해를 했다는 사실은 인정했지만 병원에 가는 것도, 도움을 받는 것도 거부했기에 토미가 해줄 수 있는 일은 아무것도 없었다.

그 뒤로도 자해를 이어갔지만, 남들이 걱정하지 않도록 남몰래 했다. 그러나 내가 느끼는 고통은 그저 봉인되었을 뿐, 줄어들지 않았다. 어느 날, 나는 가위로 머리카락을 모조리 잘라버렸다. 약을 한 것이 아닌데도 도저히 내 정신을 통제할 수가 없었다. 정신건강이 악화되어 괴로울 때마다 칼로 상처를 내거나 굶는 방식으로 나 자신을 통제해왔지만, 내 정신에 대한 통제력을 잃는다고 생각하니 너무나도 겁이 났다.

머리카락을 자른 뒤 나는 창틀로 올라간 다음 뛰어내릴지 말지 고민하다가 창틀을 놓아버렸다. 창문은 2층에 있었으니, 애초에 내가 원한 게 뭐였는지도 모르겠다. 죽고 싶었나? 심하게 다치고 싶었나? 내가 아는 건 이제 내가 더는 내 정신의 주인이 아니라는 사실뿐이었다. 그 생각만으로도 공포에 사로잡혔다.

결국 나는 내 손으로 경찰에 신고했다. 경찰이 집으로 찾아오더니 자신들이 떠난 뒤 자살할 것이냐고 물었다. 내가 잘 모르겠다고 하자, 결국 경찰은 나를 보호하기 위해 경찰서 유치장에 열 시간을 가뒀다. 유치장에 갇혀 있자니 또 한 번 바닥을 친 기분이었다. 경찰은 정신건강 전문가를 불러와 내가 시설에 입원할 필요가 있는지 평가했다. 나는 그 전문가에게 내 감정, 보

디 디스모피아^{body dysmorphia}•와 자해에 관해 솔직히 말했고, 제일
좋아하는 친구이자 유일하게 속마음을 나눌 수 있는 유일한 친
구가 내 삶에서 떠나버렸다는 이야기, 전 남자친구와의 불안하
기 짝이 없었던 연애, 가족사를 전부 털어놓았다. 전문가는 내
가 극도의 정신적 스트레스와 트라우마에 시달리고 있기는 하
지만 자살 사고를 겪지는 않는다며, 시설에 입원한다면 미래를
망치고 말 거라고 했다. 똑똑하며 의식이 명징해 보이는 데다가
대학생이니 앞으로도 잘 살아갈 수 있을 거라고, 도움이 필요하
기는 해도 입원이라는 형태는 아니라고 했다. 그는 그렇게 말한
뒤 내게 소책자 몇 권을 건네주었다. 다른 의사를 만나볼 수 있
도록 소견서를 써주거나 내가 받을 수 있는 다른 지원에 대해
설명해주지는 않았다. 부엌 가위로 머리를 자르고 창문에서 뛰
어내린 대가로 소책자 몇 권을 받는 건 내게 필요한 도움과는
거리가 멀었다. 나는 그날 내가 자기 통제를 잃었음을 알았고,
이런 일이 또 일어날까 두려워 혼자 있고 싶지 않았다.

• 신체와 외모의 특정 부분이 '잘못된' 것이라는 믿음으로 인해 일어나는 불안 또는 강박 장
애. 젠더 디스포리아가 자신의 진정한 젠더 정체성을 반영하지 못하는 신체에 대한 불쾌
감이라면, 보디 디스모피아는 그것이 사실인지 여부를 떠나 자신의 신체가 '결함이 있다'
거나 '추하다'고 인식하는 증상이다. 두 가지는 서로 구분되는 개념이나, 젠더 정체성과
신체적 특성이 충돌하는 과정에서 연결되기도 하고, 따라서 두 가지를 동시에 경험하는
경우가 흔하다.

그 뒤로 두려운 나머지 자해는 멈췄지만, 식이장애는 빠른 속도로 진행되었다. 예전과 달라진 점은, 자신을 통제하기 위해 굶는 게 아니라 자신에게 벌을 내리기 위해 굶는 것처럼 느껴진다는 점이었다. 그간 자살은 사랑하는 사람들이 상실이라는 고통을 겪도록 내버려둔 채 삶을 버리는 이기적인 행위라고 생각해왔다. 그런데 이제는 자살이 전혀 이기적인 것이 아니며, 정신질환은 종종 논리와 이성을 뛰어넘는다고 생각한다. 지금의 나는 자살 역시도 완벽하게 공감받을 자격이 있는 일이며, 사람이 절망보다 더한 감정을 느낄 때 그런 일이 일어난다는 걸 이해한다.

나는 차등 졸업으로 대학 생활을 끝마쳤다. 깊은 우울에 시달리지 않았더라면 더 좋은 성적을 받았을 거라는 생각을 하기도 한다.

○ ○ ○

대학 시절이 끝나갈 무렵, 앞으로 어떤 직업을 가질지 늦었지만 진지하게 생각했다. 늘 패션계가 가진 창의성과 자유로움에 끌렸던 터라 몇 군데 회사의 신입 홍보 담당자로 지원했다. 몇 달 동안 면접을 보러 다닌 끝에 브라이튼의 어느 명품 매장에 취업해 일하는 요령을 배웠고, 오래지 않아 런던에 있는 가장 크고 유명한 패션·뷰티 홍보 대행사로부터 유급 인턴 제의를 받았다. 엄마는 런던에서 일하는 게 익숙해질 때까지 몇 달쯤 집에서 출퇴근 하라고 제안했다. 아버지와 나는 여전히 서로를 무시하다시피 하며 지내고 있었지만, 어차피 집에서 보내는 시간이 거의 없었다. 매일 출근을 위해 오전 여섯 시에 일어났고, 오전 여덟 시부터 오후 여덟 시까지 일한 뒤 집에 오면 잠만 잤다. 내가 하는 일은 브랜드 관련 기사가 실린 신문과 잡지를 스캔하고 스크랩해 홍보 책임자에게 보내는 것이었다. 나는 열심히, 성실하게 일했고 덕분에 3개월 만에 정규직 제의를 받았다. 홍보 책임자로 승진하자 아파트에서 방 하나를 빌려 지낼 수 있는 여유가 생겨 런던으로 가게 됐다. 그리고 3년간 잡지사와 스타일리스트 사이를 이어주는 일을 했다. 〈보그〉가 화보에 캘빈클라인 속옷이나 푸마 스니커즈를 넣고 싶다면 내게 연락을 취하고, 나는 지면에 실리는 대가로 제품을 대여해주는 역할이었다.

패션 홍보는 내가 예상했던 것만큼 창조적인 일도, 포용성 있는 일도 아니었다. 일터에서 나는 다시 예전 이름을 썼고, 내 옷차림에선 어떤 자부심도 느낄 수 없었다. 고객을 만나는 때가 아니라면 평범한 청바지에 티셔츠를 걸쳤으니까. 물론 이 모습이 내 전부는 아니었지만, 이곳은 진짜 나를 보여주었을 때 이해와 격려를 받을 수 있는 환경이 아니라고 생각했다. 일터에서 남들 입에 오르내리고 싶은 생각은 없었다.

직장에 다니며 트랜지션을 하는 건 너무 큰 싸움이 될 것 같았던 데다가 법적 보호를 받을 수 있는지조차 알 수 없었다. 실제로 트랜스젠더라는 이유로 직원을 해고할 수 없도록 하는 평등법이 2010년에 통과되었는데, 내가 일터를 떠나기로 마음먹은 것이 바로 그해였다. 나는 앞서 나가고 싶어 온 힘을 다했고 때로는 초과근무를 하거나 일감을 더 많이 떠맡기도 했다. 일은 잘했지만, 악의적인 사무실 문화 때문에 의욕과 열정은 점점 식어갔다.

회사 내에서 승진을 거듭할 무렵 나는 저녁 시간을 동료들과 보내는 대신 런던의 퀴어 밤 문화에 흠뻑 빠진 채 진짜 내가 있을 자리를 만들고 있었다. 일을 위해 살아가는 건 이제 끝이었다. 나는 살고 싶었다. 그뿐이었다. 그래서 매주 금요일 저녁마다 퇴근한 뒤 킹스크로스를 찾았고, 또 런던사운드아카데미에 가서 디제잉 수업을 들었다. 인맥을 잘 쌓은 보람이 있었는지, 오래지 않아 소호의 전설적인 클럽인 헤이븐, 마담조조스, 섀도라운지 같은 곳에서 일할 기회가 생겼다. 패션계에서 일하며 잃어버린 자신감이 디제잉을 하면서 조금씩 되살아났다. 직장 생활을 하면서 예전처럼 위축된 생활에 익숙해져 있었던 것이다. 소호의 클럽과 댄스플로어에서, 소호의 드래그 퍼포머들이며 특별한 밤 문화, 쇼걸, 클럽 키드, 성노동자, 고고 보이들 사이에서 다시금 공동체와 정체성의 감각을 얻기 시작했다. 트랜지션이라는 가능성이 점점 더 크게 다가왔고, 다시 생기를 얻은 나는 얼굴과 다리의 체모를 레이저로 제거하는 아주 사소한 일부터 시작해 궁극적 목표를 향해 조금씩 나아갔다.

밤이면 내 자아는 활짝 피어났지만, 직장 생활은 괴로웠다. 불황의 여파가 어느 정도 정리되자 홍보 대행사는 고객 수를 크게 늘린 반면 인원 삭감과 정리해고라는 잔혹한 파도를 거쳐 고객을 관리할 홍보 책임자의 수는 줄였다. 당시 나는 큰 고객들을 담당하고 있었는데, 일은 끝이 없는 반면 선배들에게서 얻는 정서적 지원은 전무하다시피 했다. 내 상사와 나는 사이가 그다지 좋지 않았다. 같은 압박에 시달리고 있어서였던 건지, 그녀가 팀원인 나를 마음에 들어 하지 않아서였던 건지는 잘 모르겠다.

어느 날 그녀가 병가를 내는 바람에, 고객과 주고받은 이메일을 찾으려 그녀의 받은편지함을 살펴볼 일이 생겼다. 스크롤을 내리던 중 내 이름이 눈에 들어와 자연히 읽어보게 되었다. 그녀가 우리의 총괄 이사에게 내가 게으르며 일에 전념하지 않는다고, 실제 내 모습과는 다른 말을 한 것을 본 순간 가슴이 철렁 내려앉았다. 그러니까 나는 감당할 수 없을 정도로 많은 고객과 업무를 떠맡는 것으로도 모자라 일주일 내내 나를 먼지 취급하는 상사와 함께 일하느라 직업적으로도, 정서적으로도 시달리고 있었던 것이다. 나는 지쳤고 번아웃에 시달렸지만, 그 시절에는 번아웃이라는 개념의 존재조차 몰랐었다.

그날 오후, 내 직장 생활이 얼마나 불행하고 보람 없는지를 깨달았다. 나는 최후의 보루라고 생각하고 회사 대표에게 업무량, 복지, 상사와의 업무적 관계에 대한 어려움을 털어놓기로 했다. 차갑고도 거만한 답변이 돌아왔다. "모두가 압박을 받고 있는 시기입니다. 상사한테 대체 뭘 바라는 겁니까? 포옹이라도 해주기를 원해요?"

그날 밤, 사직서를 제출했다. 이제 한계였다. 이곳이 지속 불가능하며 건강하지 못한 환경이라는 걸, 더는 여기 있을 수 없다는 걸 분명히 알게 됐다. 아무리 많은 돈을 준다 해도 영혼의 건강을 깎아 먹을 만한 가치는 없는데, 이 회사가 바로 그런 곳처럼 느껴졌다. 내게는 몇 달간 근근이 살아갈 정도의 저축이 있었다. 이제 와 돌아보면 그 시절의 나는 돈 문제에 있어서만은 정말 순진했다. 그래도 그때 회사를 뛰쳐나와 내 행복을 찾아가길 잘했다는 생각이 든다. 어쩌면 돈이나 물질적인 것에 크게 얽매이지 않았던 게 내게는 다행한 일이었던 것 같다. 덕분에 내 삶 전체가 멈춰 있던 시기로부터 전환해 나올 수 있었으니까. 또 내가 나의 미래에 바라는 것, 나를 진정으로 행복하게 해주는 것에 온전히 집중할 수 있었다 그 무엇보다도 내 행복을 먼저 생각해준 과거의 나에게는 아무리 고마워해도 부족할 것 같다.

홍보 대행사를 그만둔 뒤로 나의 고군분투를 떠올리면 그 시절의 내가 자랑스럽다. 나는 기회가 찾아오기를 기다리지 않았다. 내 손으로 기회를 만들고, 나만의 방식대로 살아갔다. 낮에는 아트 갤러리의 접수원으로, 사진작가 조수로 일했고, 식당의 예약을 받고, 잡지 일을 했다. 저녁에는 웨스트엔드의 밤 문화 속에서 계속해서 기회를 찾아갔다. 네온사인과 섹스 숍, 말썽 많은 매력과 쾌락주의로 가득하던 소호의 전성기가 여전하던 시절이었다. 딱 좋은 장소를 잡아 쿨한 파티를 주최하던 나는 퀴어 커뮤니티의 '잇걸'이라 불렸다. 실제로 돈은 별로 벌지 못했던 데다가 파티 게스트들이 누리는 라이프스타일에는 발조차 들이지 못했지만, 그래도 상관없었다. 이 모든 일들이 결국은 어딘가로 이어질 것이라 직감했기 때문이다.

　　　　○ ○ ○

　스물세 살에 호르몬 요법을 시작했다. 그 시절에는 사실 내가 정확히 뭘 하는지조차 몰랐다. 인터넷에서도 트랜지션 하는 방법을 찾아보기 어려워, 웬만한 정보는 입에서 입으로 전해 듣던 시절이다. 소호는 언제나 트랜스젠더들의 공간이었다. 인종적 다양성은 부족했지만, 자기표현만은 무슨 일이건 허용하는 소호의 정신 덕분에 그곳에 있을 때면 편안했다. 소호에서 나는 트랜스젠더 공동체를 만났고, 파티에서 만난 이들로부터 영국에서 트랜스젠더로 살아가기의 현실에 대해서도 많은 걸 배웠다. 소호는 화려함이 넘치는 곳이었고, "성공할 때까지 성공한 척하라", "무슨 수를 써서라도 살아남아라" 같은 법칙들을 집중적으로 교육받는 곳이었다. 내 추측대로 트랜스젠더는 시스젠더보다 일자리를 얻기 어려우며, 이 때문에 생계를 위해 성산업의 문을 두드리는 이들이 많았다. 내가 아는 트랜스 여성 중 다른 선택지가 없어 성산업에 존재하는 이들의 수는 심각할 정도로 많았다.

　나는 성노동도 노동이며, 성노동자들이 법에 의해 더 안전하게 보호받을 수 있도록 성노동이 비범죄화되어야 한다고 믿는다. 자신이 원해서 성노동을 하는 이들도 많지만 그렇지 않은

129　　　　　　　　　　　　　　　　　　　　　젠 더

이들도 많다. 그들의 선택지를 축소해버리고 그들을 배제하고 기회를 박탈해버린 사회에서 생존하기 위한 수단이다. 내가 아는 트랜스 여성 중 자살, 약물 과용 또는 폭력적인 고객에 의해 목숨을 잃은 이의 숫자는 무시무시할 정도로, 가슴이 미어질 정도로 많다. 성노동의 범죄화는 약물 또는 임신 중단 범죄화와 마찬가지로 사태의 발생을 막을 수 없다. 오히려 규제되지 않은 위험한 상황으로 사람들을 내몰고, 사회 내의 보다 폭넓은 의제를 무시한 채 취약한 이들에게 책임을 지운다.

2011년, 어쩌다 보니 모델 일을 하게 됐다. 늘 관심은 있었지만 내가 모델이 될 만한, 모델에 어울리는 외모라고는 생각한 적 없었다. 잡지 표지나 런웨이에서 나를 닮은 사람을 본 적이 별로 없으니 그럴 만도 했다. 소셜미디어에 내가 주최하는 행사를 홍보하며 내 사진을 올리곤 했는데, 레바논 출신의 의상 디자이너 지아드 가넴이 그중 몇 장을 눈여겨본 모양이었다. 어느 날 아침, 지아드의 캐스팅 담당자로부터 급한 전화가 걸려왔다. 룩북 화보 촬영장에 모델이 나타나지 않았다는 거였다. 지금 당장 택시를 타고 촬영장으로 올 수 있느냐고 물었다. 모델로서 나의 첫 캠페인 촬영에는 이런 사연이 있었다!

촬영장에 도착한 나는 내 몸에 자신이 없었지만 〈아메리카 넥스트 톱 모델America's Next Top Model〉에 나온 타이라 뱅크스의 조언을 참고 삼아 요령껏 포즈를 취했다. 모델 일은 단순히 사진에 잘 나오게 찍히는 일과는 차원이 달랐다. 촬영 스태프들은 내가 식이장애에 시달린다는 사실을 몰랐지만, 모델 일을 시작하면서 내 신경성식욕부진증이 나아지지는 않았다. 깡마른 몸이 유행하던 시절이었기에 몸이 조막만 해야 의상을 입을 수 있었다. 모델 일이라면 경력도 아는 바도 없었지만, 나는 그 뒤로도 지아드와 일을 계속했다. 캠페인 두 번과 패션쇼까지 하다 보니, 유명한 인물 초상 사진가인 데이비드 베일리와 잡지 에디토리얼 촬영을 하기에 이르렀다.

그 시절, 패션 산업이 런던의 밤 문화와 얼마나 긴밀하게 엮여 있었는지 사람들은 잘 모를 것이다. 그저 딱 맞는 모습으로 딱 맞는 파티에 갔다가 딱 맞는 사진가에게 사진이 찍혀 딱 맞는 사람의 눈길을 끌기만 한다면 모든 게 변할 수 있었다. 직장에 다니는 동안에는 유명인과 인연을 맺은 적이 한 번도 없었지만, 이제는 그저 누군가가 나를 알아보는 것만으로도 밤새도록 VIP 대접을 받으며 업계 내 영향력 있는 사람들에게 소개되었고, 그것이 또 다른 모델 일로 이어지곤 했다. 모델 생활 초기에 했던 일들은 대부분 딱 맞는 때에 딱 맞는 곳에 있다가, 행복한 우연을 받아들이고 모든 순간을 최대한 활용한 덕택에 가능했다.

○ ○ ○

패션계에서 일하는 사람들에게는 각자의 미학과 특기가 있다. 2011년, 트랜스젠더인 나는 아직 나의 때가 오지 않았음을 알았다. 나는 런웨이 모델의 외모를 갖고 있지 않았다. 하이 패션에 맞는 키도 아니었고, 뷰티 모델에 어울리는 피부도, 시스 규범적 외모도 갖추지 못했다. 모델이 되고 싶다면 나만의 길을 개척해야 했다. 그 시절, 모델에게는 발언할 기회가 없었다. 하지만 소셜미디어가 영향력을 가지면서 이 또한 가능해졌다. 팔로어가 그렇게 많지는 않았지만, 그래도 영국 내 웬만한 트랜스젠더보다는 많았기에 나는 내가 속한 공동체를 위해 목소리를 낼 기회로 소셜미디어를 활용하고 싶었다. 점점 인기를 얻어가는 내 소셜미디어를 최대한 활용해 패션, 뷰티, 모델, 정치, 내 체험과 의견을 하나로 잇고 싶었다. 나는 점점 내가 올리는 포스팅을 의식했고, 소셜미디어를 통해 패션계와 대중 모두에게 보여주고 싶은 모습을 드러내기 시작했다.

그 시절은 파티에서 정치 이야기를 전혀 하지 않았다. 잡담을 나누고, 즐거운 시간을 보내고, 술을 마시고, 약을 하고, 행복해 보이기만 해도 충분했다. 자기주장이 너무 강한 사람은 분위기를 깨는 사람 취급을 받고 더는 파티에 초대받지 못했다.

지금은 정치 이야기를 피할 방법이 없다. 요즘에는 밤에 나가 놀다가도 정치에 관한 대화를 나누며, 서로를 판단하거나 갈등을 빚는 일을 피하기 위해 정치적으로 반대 입장인 사람들과는 잘 어울리지 않는 경향이 생겼다. 이는 그 자체로 전환의 순간이다. 정치나 돈에 관한 이야기를 입에 올리지 않던 시기로부터 둘 다 더 많이, 더 적극적으로 이야기하는 시기로 전환한 것이다. 유색인과 퀴어의 입장에서 보자면, 이런 문제에 관해 이야기하지 않는 것 자체가 우리의 억압에 기여한다. 오늘날 정치나 돈 이야기를 입에 올리지 않는 게 편한 사람은 기존 체계에 만족하는 이들뿐이니까. 패션, 뷰티, 정치, 그리고 내 의견을 하나로 섞으면서 나는 해방감과 목적의식을 느꼈다. 이제 나 자신이 그저 멋진 하이힐을 신고 카메라를 보며 미소 짓는 게 전부인 아무 생각 없는 여자가 아니라, 변화를 주도하고 타인에게 힘을 불어넣을 수 있는 이야기를 가진 완전한 인간이라는 기분이 들었다.

트랜스젠더 당사자가 아니거나 알고 지내는 트랜스젠더가 없는 사람들은 대부분 의료적인 트랜지션이 고통스러울 정도로 느리고, 좌절스럽고, 침투적이고, 복잡하다는 사실을 잘 모를 것이다. 나 역시 의사에게 의료적 트랜지션을 시작하겠다고 말할 용기를 내기까지 아주 오랜 시간이 걸렸다. 의사들이 트랜스 여성을 설득해 호르몬을 시작하는 대신 전환 치료를 권하거나, 아예 대놓고 치료나 추천을 거부하기도 한다는 무시무시한 이 야기들을 수도 없이 들어서였다. 의사라면 누구나 사람에게 해를 끼치지 않고 모두를 동등하게 내하겠다는 히포크라테스 선 서를 하지만 실제 치료에서는 그렇지 않다. 예를 들면, 신앙심이 강한 의사들은 트랜스젠더를 정신질환자로 분류하고, 신앙을 이유로 트랜스 환자의 치료를 거부하고, 근본적으로는 전환 치료(아직도 완전히 합법적이다) 목적으로 개인 기도 또는 기도 모임을 권하기도 한다고 들었다.

이런 이야기들을 이미 잔뜩 들었던 나는 치료를 받고자 싸울 준비를 마치고 의뢰서를 받기 전에는 떠나지 않겠다고 마음먹은 채 첫 상담에 들어갔다.

"저는 트랜스젠더입니다. 이미 호르몬 요법을 시작했고 여성으로 살고 있어요. 오늘 전문의에게 의뢰서를 써주시길 부탁드립니다."

의사는 혼란스러운 표정으로 나를 쳐다보았는데, 아마도 내가 이미 약간 흥분한 상태로 나타나서였을 것이다. 그렇다고 지나치게 막무가내거나 부적절한 수준은 아니었다. 의사는 대답했다.

"솔직히 말씀드리겠습니다. 트랜스젠더를 만난 게 처음이라

구글에 검색을 좀 해봐야겠어요."

나는 의사가 편견으로 가득한 것보다는 이 주제에 대해 아무
것도 모르는 쪽이 차라리 낫다고 생각했다. 그럼에도 NHS 직
원들이 트랜스젠더 의료에 얼마나 무지한지를 이때 처음 체감
했다. 어쨌든 중요한 순간이 왔고, 나는 편견을 품은 해로운 사
람을 택하느니 차라리 무지하지만 내게 도움을 주는 사람을 택
하기로 했다. 의사는 내게 젠더에 관련된 이런저런 질문을 한
뒤 이스트런던의 정신과 의사에게 의뢰서를 써주었다. 내게 젠
더 디스포리아를 진단하고, 채링크로스에 있는 젠더 아이덴티
티 클리닉에 추천서를 써줄 의사였다.

∘ ∘ ∘

영국의 트랜스젠더 의료 시스템은 고장나 있다. 갈피를 못 잡
고 지원금은 부족하며, 시대에 뒤떨어졌다. 젠더 아이덴티티 클
리닉 첫 진료까지는 12개월이 걸렸는데, 대기자가 많아 추천
서를 받고부터 최소 5년을 기다려야 하는 오늘과 비교하면 짧
은 시간이었다. NHS의 첫 진단을 기다리는 트랜스젠더는 약
2702명이고 갈수록 늘어나고 있다.

첫 진료에서 나는 내 정신 상태를 평가할 상담사를 만났다.

상담사가 하는 일은 환자가 트랜지션 할 준비가 되었는지를 평가하고, 환자가 정체화하는 젠더로 살아가기 위한 특정 기준을 충족하는지를 확인하는 것이다. 그날 나는 바지를 입고 있었는데, 상남사는 내게 여성복을 입고 있느냐고 물었다. 마치 여성은 바지나 슈트를 입지 않기라도 한다는 듯이, 내가 여성복이 아닌 다른 옷을 입고 있었더라면 덜 트랜스젠더로 간주될 것이라는 듯이 말이다. 나는 손에 노트패드를 든 이 시스젠더 백인 남성이 자신의 협소한 여성 관념에 나를 끼워 맞추는 질문을 던진다는 사실에, 그에게 내 미래를 쥐락펴락할 권력이 있다는 사실에 무척 화가 났었다. 나는 방어적이 되었고, 짐작건대 무례함의 선을 아슬아슬하게 넘나들었는데, 그 사람이 내가 말하는 나를 믿기보다는 나를 정신질환에 걸린 사람 취급을 해서였다. 나는 내가 얼마나 트랜스젠더인지를 양적으로 측정하는 질문 목록에 하나씩 체크를 하면서 스스로 이곳에 있을 자격이 있는가를 증명하라는 요청을 끊임없이 받는 기분이었다. 트랜지션 초기에 진료를 받을 때마다 의사들이 꼬투리를 잡아내려는 것 같다고 느꼈다. 혹시 잘못된 대답을 해버리면 내게 간절히 필요한 이 의료에 접근할 수 없을 것만 같았다.

현재의 절차를 따른다면 젠더 아이덴티티 클리닉에서 진료를 받은 뒤 2년간 자신이 정체화하는 성별로 살아간 뒤에야 첫 호르몬 요법을 시작할 수 있다. 전혀 현실적이지 않고 트라우마를 주는 절차이며, 대부분의 트랜스젠더는 이 절차를 지키지 않는다. 이런 절차는 트랜스젠더가 자기가 원하는 게 무엇인지 잘 모를 뿐이라고 여기는 시스젠더의 관점에서 고안된 것이다. 그들이 트랜지션이라는 선택지 앞에 오기까지 수년간 숙고하지 않았을까? 트랜지션이라는 결정은 강한 확신이 있을 때에야 할 수 있다. 영국에서 젠더 아이덴티티 클리닉을 찾은 3387명 중 젠더 트랜지션 이후 후회한 사람은 0.47퍼센트에 해당하는 16명에 불과했고, 이 중에서도 젠더 디트랜지션*을 결정한 사람의 수는 더 적다.

호르몬을 맞고 2년 뒤에도 가슴이 심각하게 자라지 않는 일부 트랜스젠더는 NHS를 통해 유방 보형물 삽입 수술을 할 수 있지만, 실제 많은 트랜스젠더들이 원하는 안면 여성화 수술은 할 수 없다. 매번 생식기가 중심이 되며, 이는 성별 정정 수술을 하지 않은 트랜스 여성은 트랜스 여성이 아니며 여성 전용 공간에 들어올 수 없다는 이분법적 성별 개념을 또 한 번 확인시킨다. 우리는 우리 생식기의 총합이 아니다. 우리가 사람들에게 보이는 모습, 즉 얼굴 수술에 대한 도움을 필요로 하는 건 대부

• 트랜지션 과정 이전으로 돌아가기 위한 일련의 의료적 조치들.

분의 경우 그 조치가 젠더 디스포리아를 경감시키기 때문이다. 트랜스젠더가 자신을 편안하게 느끼고, 일터에 속하고, 세상을 마주하고, 거울에 비친 자신을 바라볼 수 있으며, 타인이 우리가 바라는 모습으로 우리를 보는 젠더 유포리아를 느낄 수 있도록 자신감을 심어주는 것이 바로 이 조치다.

젠더 트랜지션 초기에 우리는 과거의 자신과 우리가 원하는 모습 사이의 공간에 갇혀 있다. 이 단계에서 나는 사람들 앞에 나서기가 몹시 힘들었다. 끊임없이 전시되는 기분이 들어서였다. 많은 사람들이 날 구경거리 취급했다. 내 이야기를 소곤거리거나 핸드폰으로 내 사진을 찍었다. 길을 걸으면 나를 희롱하는 목소리나 웃음소리가 들렸고, 일부러 내 귀에 들리게 "트래니다!" 하고 외치는 사람도 있었으며, 아이들이 내 쪽으로 다가오지 못하게 막았다. 지하철에 타 환한 조명을 받을 때면 나는 더욱 눈에 띄었다. 쿵쿵거리는 심장으로 식은땀을 흘리면서, 지금 나를 거부감이 담긴 눈으로 빤히 보는 저 사람들이 나를 때려눕히지는 않을지, 그런 일이 일어난다면 누가 끼어들어 말려줄지, 말리고 싶은 마음이 있기는 할지가 궁금했다. 나는 오로지 밤 외출을 할 때만 편안했다.

잠시 소호의 한 옷 가게에서 일하기도 했는데, 이곳에 오는 손님들은 덜 보수적일 거라고 생각했지만 때로는 일터에서 일하고 있을 뿐인 나를 비웃는 손님들도 있었다. 내 서비스를 거절하며 동료 직원에게 "'이런 게' 카운터에서 일한다는 사실이 믿기지가 않는다"고 하기도 했다. 자꾸만 이런 일이 일어나는 게, 또 이런 식으로 동료들의 관심은 물론 동정까지 얻게 되는 게 수치스러운 나머지 일을 그만둘 수밖에 없었다. 어떤 일이 자꾸 반복되면 내게 문제가 있는 거라는 생각이 들 수밖에 없다. 나는 일을 그만두고 밤 문화에만 몰두했다. 길을 걸을 때마다 너무 심각한 희롱을 당하는 바람에 배달 앱에 의존해 살아가며 해가 진 뒤에야 집 밖으로 나갈 수 있었다.

트랜지션을 시작하고 첫 3년간 이런 생활이 이어졌다. 내가 사회가 생각하는 여성의 모습에 점점 더 가까워지자, 이번에는 길거리 성희롱을 당하기 시작했다. 길에서 사람들이 내게 보이는 반응들과 무척이나 기묘한 관계를 맺으면서 나는 위험과 대상화가 지니는 모순을 탐구하기 시작했다. 사람들은 내게 손가락질하고, 소리를 지르고, 침을 뱉고, 내가 아이들 곁에 가지 못하게 막아서며 나를 괴물 취급했지만, 동시에 내가 트랜스 여성인 걸 알면서도 극도로 성적인 방식으로 나를 대상화하는 남자들이 나를 따라다녔다. 이들은 내가 성노동자, 아니면 적어도 쉽게 섹스해줄 만한 사람이라고 여겼다.

길거리 성희롱을 당할 때면 나는 이 사람들이 내가 트랜스젠더라는 사실을 알까 궁금하다. 만약 그 사실을 모른다면 밝혀졌을 때 굉장히 화를 내게 될 테니까. 그리고 트랜스 여성, 특히 많은 흑인 트랜스 여성들이 이런 식으로 살해당하는 결말을 맞는다. 외모가 점점 더 '여성적'이 되어가자 나조차도 성적 대상화와 인정을 혼동하기 시작했다. 성적 대상화는 내가 욕망의 대상이 될 수 있다는, 내가 마음에 든다는 의미였다. 그것은 내가 받고자 하는 인정의 부스러기에 불과했지만 그럼에도 여태까지 내게 주어진 것보다는 많았다. 페티시로 대상화되는 것이 마치 순수한 애정인 양 느껴졌다. 심지어 예전만큼 고통받지 않고도 세상을 헤쳐나갈 수 있게 된 지금까지도, 길거리에서 성희롱을 당할 때마다 나는 얼어붙어 버린다. 그리고 생각한다. 이 남자는 내가 트랜스라는 사실을 알면 태도가 달라질까? 자신이 트랜스 여성에게 매력을 느꼈다는 사실을 알고 어떤 반응을 보일까? 아니면 내가 트랜스라는 사실을 알고, 그 사실 때문에 나를 대상화하는 걸까?

엄마에게 내가 트랜스젠더라고 고백한 건 스물여섯 살 때였다. 이미 4년 가까이 호르몬을 투여한 뒤였다. 더는 숨길 수 없었고, 숨기고 싶지도 않았다. 그때 나는 이스트런던의 스트랫퍼드에 살면서 여전히 클럽에서 일했지만, 모델로서도 점점 경력을 쌓아가고 있었다. 십 대 시절 커밍아웃 했을 때 돌아온 반응 때문에 엄마에게 말하는 게 불안했지만, 한편으로 이번만큼은 달랐으면 했다. 그 뒤로 내 섹슈얼리티를 포용하는 문제에 있어 엄마 역시 많이 성장했으니까.

불행히도 역사는 반복되었고, 엄마는 완전히 공황에 사로잡히고 말았다. 내 몸은 변하기 시작하고 있었다. 엄마는 나를 잃어버린다고 생각했다. 그렇지 않다고, 엄마는 불행한 아이를 잃을 위험을 안고 사는 게 아니라, 행복한 아이를 얻는 거라고 안심시키려 애썼지만, 내 말을 듣지 않는 것 같았다. 엄마는 내게 집중하지 못했고, 이해하지도 못했다. 그 뒤로 우리는 한참이나 대화하지 않았다.

그날 이후로 모두에게 버림받은 것만 같은 막막한 기분으로 지냈다. 어느새, 받아 마땅한 것에 턱없이 못 미치는 것만으로도 만족하고 있었다. 내가 받는 급여, 내가 받는 취급, 내가 받는 사랑. 나는 부스러기로도 족했다. 모든 게 잘못된 방향으로 나아가고 있었다.

나는 이름을 알리기 위해 녹초가 되도록 일했다. 야심과 의욕은 여전했지만, 조금도 즐겁지 않았다. 예전에도 사람들과 어울리려 약물을 사용하곤 했지만, 지금은 약물이 나의 대응 방식이자 불행하며 기댈 곳 없는 나를 무감각하게 만드는 방법이 되고 말았다. 필름이 끊길 정도로 술을 많이 마셨다. 부모님이 내게 등을 돌렸기 때문에, 그리고 당시의 지지적이지도, 건강하지도 못했던 연애 때문에 아무런 의욕도 느낄 수 없었다. 나는 빠른 속도로 삼십 대에 접어들었고, 여전히 근근이 입에 풀칠하며, 예전처럼 정신건강이 완전히 무너지지 않을 만큼만 간신히 버티며 살고 있었다.

∘ ∘ ∘

사람들은 트랜스젠더로 살아가는 게 힘든 게 아니라고 한다. 힘든 건 트랜스젠더인 우리를 향한 타인의 인식, 그리고 이들이 자기감정을 우리에게 투사하는 방식 때문이다. 이 때문에 우리 중 다수가 더이상 살아갈 수 없고, 사랑받을 수 없다고 느낀다. 만약 내 트랜지션이 트랜스젠더들에 대한 지원을 중시하며 우리의 안전, 건강, 포용, 그리고 고용에도 신경 쓰는 사회에서 이루어졌다면, 나의 트랜지션 경험은 완전히 달라졌을 것이다. 그러나 우리는 트랜스젠더 공동체가 여전히 불편한 것, 비정상적인 것, 후순위로 밀리는 집단에 불과하며, 하나의 의제이자 논쟁거리인 사회에서 살고 있다. 우리 공동체는 정부가 영합하기에는 너무 작지만, 잠재적 표심을 잡기 위해 두려움을 무기화하는 과정에서 정치적 장기 말로 이용할 만큼은 충분히 크다. 트랜스젠더들이 사회에서 안전하고, 잘 기능하며, 성장하는 일원으로 살 수 있을까를 놓고 사회와 진보적인 대화를 나눌 수 없다면, 우리가 원하는 변화를 우리 스스로 만들어가야 한다. 그날이 올 때까지, 우리는 영국의 트랜스 혐오가 진공상태에서 일어나는 것이 아니라는 사실을 알아야 한다. 정부 최고 요직에 앉은 사람들이 트랜스 혐오를 악화시키고 또 부추긴다. 내가 이 책을 쓰는 대부분의 기간 영국의 총리였던 보리스 존슨 역시 예외가 아니다. 트랜스젠더가 인간임을 인정하고 우리의 욕구와 체험을 이해하려는 정부가 등장할 때까지 우리는 계속해서 싸울 것이다. 또 계속 죽을 것이다. 영국 보수 정부의 손에 피가 묻어 있다는 말은 비유가 아니니까.

사 랑

우리는 어린 시절부터 우리가 주변의 눈에 어떻게 비춰지는지를 의식하는 가운데 사랑과 관계를 배워간다. 사랑이라는 개념은 종종 성별화되며, 무엇이 우리를 충만하게 하는지를 진정으로 알게 되기도 전부터 사랑은 충족감을 주는 만능 티켓처럼 제시되곤 한다.

사랑은 일반적으로 사회화의 한 형식으로 제시된다. 우리는 모방을 통해 우리를 둘러싼 세계에서 즉각적으로 보이는 사랑의 형태를 따라하고, 이에 공감하며 사랑을 이해하게 된다. 사회는 우리에게 **누구를** 사랑해야 하는지를 가르칠 뿐 아니라, 문화적 성역할, 인지되거나 기대되는 이성애, 그리고 가족 속에서 가장 먼저 보게 되는 사랑의 모습에 따라 그들을 어떻게 사랑해야 할지도 가르친다.

동성애자로 자라난다는 건 고등학생 시절 아무 생각 없이, 소용돌이에 휩싸이듯, 성장에 자연히 따르는 로맨스를 경험할 수 없다는 뜻이다. 동성애자로 자라난다는 건 근처 몇 마일 이내에는 다른 게이가 아무도 없다고, 실제로 존재하더라도 없다고 믿고 살아간다는 뜻이다. 동성애자로 자라난다는 건 "짝사랑하는 사람 있어?"라는 질문을 듣고도 진심으로 좋아하는 사람 이야기를 솔직하게 털어놓을 수 없다는 뜻이다. 동성애자로 자라난다는 건 이성애자 친구에게 내 경험이 아니라, 텔레비전이나 영화에서 본 것들을 참고해 연애 조언을 해준다는 뜻이다. 동성애자로 자라난다는 건 내가 동성애자일지도 모른다고 의심한 어른들이 자기 집에 초대하지 않고 학교에서 자기 자식들과 놀지 않기를 바란다는 뜻이다. 동성애자로 자라난다는 건 좋아하는 팝스타 중 어느 누구도, 심지어 가수 본인이 동성애자라 할지라도, 동성 간의 사랑에 대해 노래하는 걸 듣지 못한다는 뜻이다. 동성애자로 자라난다는 건 가족과 텔레비전을 보다가 동성애를 연상시키는 내용이 등장하기만 해도 눈길을 피한다는 뜻이다. 동성애자로 자라난다는 건 가족이 함께 쓰는 컴퓨터에서 매번 검색 기록을 삭제하고, 저녁 식사 자리에서 부모님이 그 이야기를 꺼낼 때마다 가슴에 번개가 내리치는 기분을 느낀다는 뜻이다. 동성애자로 자라난다는 건 퀴어의 사랑을 찾기 전까지 융통성 없는 이성애 규범 속에 갇힌 채 18년을 기다려야 한다는 뜻이다. 동성애자로 자라난다는 건 동성애를 혐오하며 우리를 괴롭히는 학교의 그 아이들 역시도, 우리 모두 헤쳐나가야 하는 해로운 환경 때문에 커밍아웃 하기 두려워하고, 이 때문에 자기 안의 혐오스러운 모습을 띠고 있는 우리에게 화풀이하는, 우리와 똑같은 동성애자일 가능성이 높다는 뜻이다.

진정한 모습으로 살기 전 내가 맞닥뜨린 가장 큰 장애물은 나 자신이 되는 대가로 혼자가 될지 모른다는 두려움이었다. 나는 혼자가 되는 게 싫었다. 혼자가 되는 것은 강한 것도, 내 선택도 아닌 것 같았다. 누군가의 파트너가 된다는 건 내게 투자 가치가 있다는 뜻이자 내가 미워하는 나의 어떤 부분을 누군가가 사랑할 수 있다는 뜻이었다. 그러나 긴 시간이 지난 뒤에야 마침내 깨달은 건, 내가 나를 미워하는 한 타인이 나를 사랑하게 할 수 없다는 사실이었다.

자기 사랑의 중요성을 아는 것도 중요하지만, 우리가 사랑받을 가치가 없다고 느끼게 하는 사회에서 청소년기를 보낸 뒤 이 감정을 느끼고, 소유하고, 실천하는 것은 또 다른 문제다. 내가 나를 구하는 영웅이 되는 일을 상상하는 것보다는 차라리 어느 날 기적처럼 누군가가 나타나 나를 안고 일으켜 주는 바람에 모든 게 더 나아질 거라고 믿는 게 더 쉽다. 그러나 우리의 트라우마를 치유할 수 있는 사람은 오로지 우리 자신뿐이므로, 트라우마에 대처하는 가장 쉬운 전략이 언제나 효과적인 해법인 것은 아니다.

우리 대부분은 우리의 욕구보다는 욕망에 맞추어 연인을 택한다. 이런 욕망은 종종 우리가 표면 아래를 더 깊이 들여다보고, 우리의 애착을 심문하고, 어린 시절부터 우리가 노출되었던 사회, 젠더, 관계의 규범과 우리 자신의 연관을 탐구하도록 하는 욕구보다는, 우리를 충족시켜주리라는 믿음에 경도된 사회적 이상의 형태를 띤다. 우리 대부분은 관계에 있어 우리가 파트너로부터 실제 무엇을 필요로 하는지를 발견하고, 나아가 이런 욕구를 충족해주는 사람을 알아보는 능력을 갖추기 위한 작업을 하기보다는 현 상태에 맞게 스스로를 바꾸기를 택한다. 우리는 파트너가 될 가능성이 있는 사람과 만날 때 내 실제 욕구를 전하기보다는 욕망을 투사할 가능성이 크다. 결국 소통의 부재, 그리고 욕망과 욕구의 융합으로 인해 양쪽 모두 충족감을 느끼지 못하는 진공상태 속에서 관계의 역학이 만들어진다. 지난 연애들을 돌아보면 내 자기 사랑은 진화했고, 내가 내 삶에 받아들이는 사람들 역시도 진화했다. 이제 내게 파트너십이란 즉각적인 인정 욕구를 충족하는 일이라기보다는 의식적 선택에 가까운 일이다. 십 대인 내가 나이 많은 남자들을 만난 건, 그 행위를 통해 내 섹슈얼리티가 인정받는다고 느껴서였다. 갓 성인이 되었을 때 나는 내가 도와주거나 고쳐주고 싶은 남자들을 만났는데, 그건 나를 치유하거나 돕는 일을 회피하기 위해서였다. 트랜지션 초기에는 나를 둘러싼 세상에 내 신체적 자아감을 드러내고 싶어서 남성적인 성향의 시스젠더 이성애자 남성을 만났다. 이 세 시기에 존재한 공통 패턴은 내 낭만적 서사에 대한 통제권이 나에게 없었다는 것인데, 그건 내 내적 서사에 대한 통제권이 나에게 없었기 때문이다.

◦ ◦ ◦

내 첫사랑은 초등학교 시절 나를 괴롭히던 아이였다. 그 애는 다른 아이들은 물론 선생님들에게도 공격적이고 시비를 걸어댔지만 그중에서도 가장 관심을 가진 상대가 나였다. 한번은 백신을 맞아 팔에 불룩 물집이 솟아오른 채로 그 아이와 함께 스쿨버스에 탔는데 그날 그 애가 내 팔을 세게 때리는 바람에 물집이 터져버리고 말았다. 그때까지 나는 딱히 괴롭힘을 당해본 적이 없었다. 종종 부모에게서 배워온 게 분명한 인종주의적 욕설을 하거나, 내가 "깡말랐다"거나 "여자애 같다"고 말하는 아이들이 있기는 했다.

그 애가 왜 모두를 그렇게 싫어하는지 호기심이 생겼던 나는 그 애한테 편지를 써서 노트, 문구류와 도시락 따위를 보관하는 사물함 위에 놓아두기 시작했다. 우리는 말을 섞지 않는 사이였지만, 그 애도 내게 답장을 쓰기 시작했다. 그 애는 나에 내한 자기 감정을 털어놓으면서도 그런 감정을 느끼는 이유까지는 알려주지 않았다. 어느 날, 책가방에 있던 편지를 그 애 엄마가 발견했다. 다음 날 아침, 그 애 엄마가 한 손으로는 그의 팔죽지를 붙들고 다른 손에는 편지들을 움켜쥔 채 교실로 달려 들어왔다. 그러고는 노여움으로 부들부들 떨며 고작 여덟 살인 나에게 세상에 존재하는 온갖 동성애 혐오적 욕설을 쏟아냈다. 고등학생이 되어 다른 아이들이 나에게 그런 욕설을 하기 전까지는 그 사람이 하는 말의 절반도 채 이해할 수 없었다. 그 사람은 자기 아들이 나 같은 아이와 어울리지 못하게 할 거라고 했다. 동성을 향한 끌림이 부자연스러우며 처벌의 대상이라는 것을, 동성을 사랑하는 것은 옳지 않다는 것을 경험한 건 그때가 처음이었다.

내 트라우마가 그저 내 기억에만 존재하는 것이 아니라 타인과의 관계에도 영향을 미쳤음을 알게 된 건 오랜 시간이 흐른 뒤의 일이다. 해결하지 않고 내버려둔 트라우마는 보이지 않는

등대가 되어 자신의 정서적 상처가 얼마나 깊은지 모르는 파트너를 이용하려는 나르시시스트와 정서적 학대자를 불러들였고, 그렇게 내가 어떤 사람을 만나는지를 결정하곤 했다. 자신이 가진 트라우마를 의식하고, 이 트라우마가 낭만적이거나 플라토닉한 관계에 접근할 때 발현된다는 걸 알고 나면 우리는 트라우마와 전략적인 관계를 맺을 수 있다. 트라우마를 의식하면 우리는 패턴을 알아내고, 선을 긋고, 경고의 의미를 지닌 빨간 깃발에 주의를 기울일 수 있고, 더 높은 곳을 향할 수 있다.

무의식적 트라우마로부터 의식적 치료로의 전환은 그저 우리가 감정과 조화를 이루게 하는 데 그치지 않고 우리가 내리는 결정, 우리가 가까이 지내기로 선택한 사람, 그들이 우리의 삶에 어떻게 들어오고 우리가 왜 이들을 곁에 두는가를 바라보게 만든다. 이는 반복하는 행동 패턴을 알아내고 인정 욕구가 뿌리내린 곳이 어디인지를 식별하여 이런 요소들이 우리 삶에 긍정적이고 지속 가능하며, 꾸준한 변화를 끌어낼 수 있도록 재구성하는 일이다. 어린 시절 나는 내가 학대적 연애 관계를 맺을 것이라고는, 그것도 여러 번 맺을 것이라고는 상상조차 하지 못했다. 이런 일은 약한 여성, 다른 여성들에게 일어나는 일일 뿐, 나 같은 사람에게는 해당되지 않는다 여겼던 것이다. 즉, 나는 어린 시절부터 여성 혐오 서사를 내면화했다. 실제로 강한 이들도 학대를 일삼는 파트너를 만날 때가 있다. 이런 사람들은 심리적 조종의 명수인 데다가, 욕구로 가장한 피해자의 트라우마를 늘 잘 알아차리는 법이다. 내 욕구는 청소년기 내내 느끼던 고립감에 뿌리내린 것이었다.

나는 사랑에 빠지고 싶었다. 그러기 위해 빨간 깃발을 무시할 마음도 있었다. 내가 만나는 남자 때문에 친구들을 잃어도 상관없다고 생각했다. 트라우마적 애착의 사슬을 끊기 위해서는 어쩌다 거기까지 온 것인지 알아차리고, 그 모든 것이 자신의 잘못이 아님을 깨닫고, 익숙한 방식에서 벗어나야 한다. 상대가 아직 치유되지 못하고 남은 내 내면의 트라우마에 접근하지 못하게 막고, 그 트라우마를 끌어안은 채로 자기 사랑과 자기 이해를 위한 여정을 시작해야 한다. 그래야 받을 자격이 있다 생각하는 사랑이 아닌, 내가 진정 받아 마땅한 사랑을 얻을 수 있다. 가부장제의 그릇된 가치 체계 속에서 자신을 사랑하는 건 그 누구에게나 어려운 일이다. 내게 이 일은 내가 했던 가장 느리고, 어렵고, 다른 무엇보다 의미 있는 전환이었다.

나는 트랜지션의 초기부터 가부장제의 역할에 의문을 제기하기 시작했다. 왜 내가 남성에게서 욕망의 대상이 될 때 이토록 안도감을 느끼는지 알고 싶었다. 솔직히 말하면, 아직도 그런 감정에 시달린다. 가부장제 속에 살아가는 나는 사랑을 해석하고 이해하려고, 내 관심사와 끌림을 낱낱이 살펴보고 그것들이 어디서 기인하는 것인지 자문해보려고 계속 노력한다. 처음 트랜스젠더로서 누군가와 사귀었을 때 이 사실을 크게 의식했다. 트랜지션 초기 나는 내 모습이 내가 바라는 모습도, 사회가 내게 바라는 모습도 아니라 생각했다.

트랜지션 과정 내내 이런 이야기는 지겹도록 들었다. 여성에게는 여성성이 반드시 있어야 한다는 잘못된 성별 이분법 말이다. 그런 식으로 따졌을 때, 여성성의 반대말은 남성성이다. 나는 과도하게 남성적인 남자가 내 여성성을 알아봐주어야 진짜 여성이 된 기분을 느낄 수 있다고 생각했다. 내 젠더 정체성이 유효하려면 사귀는 상대에게 그것을 인정받아야 한다고 생각했다. 남자가 나를 원한다면 나는 시험에 통과한 것이었다. 이는 트랜스젠더 되기나 여성적으로 보이는 것 이상의 의미로, 이제 내가 다른 여자들과 똑같이 평가될 수 있다는 뜻이었다.

여성들은 모두 외모로 평가받는다. 사회는 매력적이지 않은 여성들을 다른 눈으로 바라본다. 또, 여러 직업 분야에서 매력적이지 않은 여성들은 진지하게 받아들여지지 않는다. 뉴스를 진행하는 남성 앵커는 나이 들고 지쳐 보이는 데다가 귀털이 눈에 띌 지경이지만, 그 옆에 앉은 여성 앵커는 세련되게 잘 꾸민 것만 보아도 알 수 있다. 여성이 그토록 말쑥한 외모를 갖추지 않는다면 우리가 정보를 흡수하는 데 무슨 문제라도 생기는 것일까? 워싱턴 대학교가 진행한 한 연구는 그렇다고 주장하면서, 사회에서 "전통적으로 매력적인" 모습으로 보이고 "여성스럽게 행동하는" 여성들은 성추행을 신고했을 때 더 신뢰를 얻는 경향이 있음을 보여주었다. 반면 매력적이지 못한 여성은 "신뢰할 수 없는" 이들로 보여지며, 성추행범에게 주어지는 벌역시 더 가볍다는 것이다.

그래서 나는 안전하려면, 믿을 수 있는 사람이려면, 도움을 받으려면, 사랑받으려면, 자기를 사랑하려면 매력적인 외모를 가져야 한다고 믿었다. 나는 성적 매력을 발산해야 했고, 성적으로 적극적이어야 했다. 이 모든 것은 내 행동반경 내에 남성이 있어야만 의미가 있었다.

내 안의 내면 아이는 늘 자신이 추하다고 생각했다. 갓 성인이 된 많은 이들이 그렇듯 나도 사랑을 찾아다녔다. 나는 애정이나 관심을 사랑으로 오해했고, 인정받고 싶은 마음 때문에 성적 욕망을 사랑이라 착각하고 빠른 속도로 빠져들었다. 타인과 연결되고 싶은 마음이 간절한 나머지 도피하듯 사랑에 빠졌다. 타인이 나를 받아주어야 나 역시 나를 받아들일 수 있을 것만 같았다. 내게는 내가 사랑받을 가치가 있으며, 내가 타인을 사랑하는 방식으로 나 자신을 사랑할 수 있음을 증명하는 실체적 증거가 필요했다. 내가 놓인 맥락과 나를 둘러싼 환경은 나를 가리켜 괴물 같은, 바람직하지 않은 존재라 했지만, 내가 추해진 건 상황 때문이지 현실 때문이 아니었다. 하지만 그 사실을 알지 못했던 나는 남들 눈앞에 나 자신을 드러내지 않기 위해 화려한 외모 뒤에 숨었다. 제대로 된 옷, 제대로 된 화장, 비싼 가발로 잘 꾸민 외모는 자기표현의 수단인 동시에 방패의 기능까지 한다. 남들의 인정을 받으면 내 기분도 좋아진다. 사회는 이런 식으로 작동한다. 그것이 정상화되고 규범화되어 자연스럽게 존재하는 방식으로 여겨지는 것이다.

하지만 타인으로 도망칠 수 있다 해도, 나를 학대하는 그 목소리가 타인이 아닌 내 것이라면 도망칠 곳이 없다.

결국 나는 남을 위해 화려하게 꾸미는 건 울적한 일이라는 결론에 다다랐다. 드레스는 여성이 원하는 걸 얻기 위한 무기라던 도나텔라 베르사체의 말을 읽은 적 있다. 나는 그 말이 거짓이라 생각지 않고, 슬픈 건 바로 그 지점이다. 사회는 여성에게 원하는 일을 하기 위해서는 특정 상황에 맞게 차려입어야 한다고 가르친다. 한번 기준이 생기고 나면, 그 모습을 자꾸만 수행해야 한다는 압박이 뒤따른다. 매 순간 화려하지 않다면 "다 내려놓았다"는 평가를 듣는다. 전혀 화려하지 않다면 신뢰가 떨어진다. 그러나 화려함은 때로 타인이 우리의 깊은 내면을 볼 수 없도록 가로막는다. 케이크의 아이싱과 비슷하다. 아이싱만 먹는다면 탈이 나고 말 것이다. 모든 순간 화려해야 한다는 기대를 받는다면 아마 그렇게, 병들고 말 것이다.

처음 사랑에 빠진 건 대학교 2학년 때였다. 조이는 예술을 공부하는 졸업반 학생이었고, 해변의 게이 바에 갔을 때 함께 아는 친구의 소개로 만났다. 처음 만난 주 주말, 우리는 함께 술을 마셨다. 조이는 재능 있고, 신비롭고, 섹시하고, 혼란스럽고, 중독성 강한 남자였다. 조이와 사랑에 빠지는 건 정말 기분 좋은 일이었고, 나는 그 일을 빠르게 해냈다. 누군가 낭만적인 방식으로 나를 원한다는 감정을 처음으로 느낀 것이 그때였다. 나역시 조이를 원했지만, 그가 나를 원하기를 바라는 마음이 더 컸다.

우리는 밤 외출을 즐겼고, 외출이 끝날 때면 보통 조이의 친한 친구들이나 하우스메이트들과 합류한 뒤 그의 집으로 가서 브랜디 한 병과 코카인 몇 그램으로 파티를 이어갔다. 조이는 말도 할 수 없고 앞도 제대로 볼 수 없는 지경까지 술을 마실 때가 많았고, 그때마다 나는 그를 데려가 재워야 했다. 술이 깬 뒤에 조이는 용서를 빌었다. 그러다가 내가 과민반응 한다고 했다. 그 뒤에는 또 기분이 돌변해 따뜻한 칭찬의 말을 쏟아냈다. 그러고 나면 우리는 열정적으로 거친 섹스를 했고, 타인이 나를 원하는 기분에 중독된 나는 또다시 그에게 넘어가 버리곤 했다. 결국 조이의 음주 습관은 점점 더 심각해졌고, 나를 알아보지 못하거나, 역겹다는 눈으로 빤히 보거나, 언어폭력을 행사하는 일이 생겼다. 조이가 나를 원하지 않는다고 느꼈다. 결국 그와 헤어진 뒤 자해와 자기비난이라는 토끼굴 속으로 굴러떨어져 한바탕 식이장애를 앓았다.

나는 정신적, 정서적인 학대를 일삼는 남자를 사귄 적이 많다. 처음부터 나는 자기 안의 여성성을 사랑할 수 있는 남성은 별로 없으며, 이들은 퀴어라는 사실에 수치심을 느끼지 않기 위해 과도한 남성성을 지닌 파트너를 필요로 한다는 사실을 알았다. 이후 내 내면을 점점 더 파고들면서, 트랜스 여성을 있는 그대로 사랑할 능력을 갖춘 남성이 극소수라는 사실도 알게 되었다. 상대가 나와 만나는 걸 비밀로 하는 경우라든지, 나를 성적으로 페티시화하면서도 그 밖의 상황에서는 완전히 무시하는 경우도 종종 일어났다.

시스젠더 남성들이 트랜스 여성과 사귀다가 가부장제의 본모습을 마주하는 일도 종종 있다. 같이 있다 보면 내가 길에서 겪는 트랜스 혐오를 어느 정도 함께 경험하기 때문이다. 그들은 자신의 가부장적 권력은 물론 남성 대부분이 바라 마지않는 형제애에 기반한 수용을 어느 정도 포기해야만 한다. 때로는 자신

사 랑

의 남성성을 붙들고 씨름해야 한다. 그들의 눈에는 트랜스 여성이 여성일 수 있지만 사회의 눈에는 아니기 때문에, 그들 역시 일종의 위협을 느낀다. 섹슈얼리티와 젠더가 불변하는 것이라는 규범을 가진 사회에서 트랜스젠더에게 매력을 느끼는 남성은 자신 안에 내면화된 트랜스 혐오를 탐구할 수밖에 없다. 그 결과 우리는 종종 폭력 또는 우리가 있을 곳이 어디인지를 깨닫게 만드는 방식으로 일종의 통제를 경험한다. 만약 우리가 지나치게 많은 공간을 차지해 그가 친구나 가족에게 우리를 소개하는 등 그의 인생의 다른 부분에도 우리를 포함하기 위해서는 그들 역시 '커밍아웃'을 해야 한다. 트랜스젠더와의 연애는 파트너의 내적 갈등을 수면 위로 드러내고, 종종 그 대가를 치르는 건 우리다. 때로는 목숨으로 대가를 치르는 일도 있다.

○ ○ ○

2010년 어느 밤, 디제잉 공연을 마친 뒤 지금은 없어진 런던 쇼디치 지역의 전설적인 펍 조이너스암스에서 하우스메이트들을 만나 술을 마시기로 했다. 내가 도착했을 무렵엔 다들 알딸딸한 상태였다. 소호에서 약속 장소까지 가는 택시 안에서 술이 다 깨버렸던 나는 친구들을 따라잡기 위해 바에 가서 샷을 몇 잔 주문했다. 트랜지션 초기에 나는 호르몬 대체 요법제인 프레마린정을 투여하고 있었는데, 이 약을 복용할 때 술을 마시면, 특히 떠들썩한 밤 외출을 한 날이면 정신을 잃곤 했다. 바에서 술을 들이켠 것, 하우스메이트 하산과 춤을 춘 것, 흡연 구역에서 만난 남자와 말을 섞었던 것 말고는 그날 밤이 거의 기억나지 않는다. 그 뒤 나는 그 남자를 집으로 데려가 하룻밤을 보냈다.

남자는 근육질 몸매에 키가 175센티미터쯤 되었다. 이름은 기억나지 않는다. 수년 전 그의 얼굴과 함께 이름까지도 내 정신으로부터 차단해버린 게 아닌가 싶다. 마찬가지로, 그와 어떻게 엮였던 건지도 기억나지 않는다. 둘 다 술을 많이 마셨지만, 무언가 잘못되었다는 걸 깨달은 건 침대에 누운 채 상황 판단을 시작한 뒤였다. 그 남자는 자기가 트랜스 여성을 만난 건 처음이고, 자기는 게이가 아니니 방금 있었던 일을 아무에게도 알려선 안 된다고 고집을 부렸다. 나는 그에게 당연히 이 일은 우리 둘만의 일이며, 처음 만난 상대의 섹슈얼리티는 내 알 바 아니라고 그를 안심시켰다. 틀린 말도 아닌 게, 나는 그 시절 내가 바랐던 대로 여성으로 인정받는 느낌을 얻기 위해 남성성을 지닌 그 남자를 택했던 것 같다.

다시 그 남자를 만날 생각은 전혀 없었다. 그런데 무언가 잘못된 것 같은 기분이 들었다. 정확히 무엇인지는 알 수 없었나. 그는 자고 가겠다고, 나와 함께 아침을 맞고 싶다고 했지만 결국 떠났다. 딱히 무슨 일이 있었던 게 아닌데도 그가 나가고 문이 닫히지마자 안도감이 찾아왔다. 어쩐지 아슬아슬하게 총알을 피한 것만 같은 기분이었다. 굳이 표현하자면, 왠지 소름 끼치는 남자였다.

다음 날 아침 그가 문자 메시지를 보내왔다. 그에게 내 번호를 주었던 기억은 없었다. "내 여자친구가 되어줄래?"라는 메시지였다. 뭐라고 거절해야 할지도 몰랐고, 우리 집에 그를 들였다는 찜찜함을 떨칠 수도 없었던 나는 답장을 하지 않았다. 일을 하는 동안에는 핸드폰을 끄고 사물함에 넣어두었다. 깊이 생각하지 않기로 했다. 클럽에서 일하면 볼썽사나운 일을 목격할 일이 많기에, 그렇게 이상하게 여길 일도 아니었다. 점심시간에 핸드폰을 다시 켜보니 열 개가 넘는 메시지가 와 있었다. 메시지는 뒤로 갈수록 점점 더 강한 분노와 편집증을 드러냈다. 맨 위에는 부재중 전화 열다섯 건이 표시되어 있었다. 사과를 잘하고 자기주장을 하지 않는 사람으로 길들여졌던 나는 미안하다고, 일하는 중이었다고 답장을 보냈다. 그 뒤 최대한 부드러운 어조로 지금은 누굴 사귈 상황이 아니라고 설명했다. 그러자 그로부터 연락이 빗발쳤다. 며칠이 지나도 전화와 문자 메시지는 잦아들 줄 몰랐다. 갈수록 빈도는 줄었지만, 분노에 찬 말투는 그대로였다. 나는 전화번호를 바꾸었다.

그렇게 그 남자의 소식이 잠잠해진 채로 두어 달이 흘렀다. 나는 그 일은 잊은 채 일에 몰두하며 지내고 있었다. 어느 날, 보우의 지하철역을 향해 걸어가는데 그 남자가 내 눈앞에 나타났다. 나는 얼어붙은 채 간신히 입을 열어 인사를 건넸다. 남자는 내 팔을 붙들더니 곧바로 나를 뒷골목으로 끌고 갔다. 그다음에는 지켜보는 사람이 없는지 둘러보더니, "절대 남들 앞에서 나한테 말 걸지 마, 그러면 죽여버릴 테니까" 하고 말한 다음 나를 벽에 밀치고는 가버렸다. 그 뒤로 나는 공공장소에서는 이어폰을 끼지 않았고, 주변 환경에 경계를 늦추지 않게 됐다.

그 남자는 우리 집까지 찾아오기 시작했다. 천만다행으로 그때마다 집에 없었지만, 그는 내가 어디 갔느냐고 내 하우스메이트들을 추궁하곤 했다. 그때의 나는 스토킹이라는 게 '보통 사람들'에게 일어나는 일이라고 생각해본 적이 없었기에, 지금 내가 당하는 게 스토킹이라는 사실을 받아들이는 데도 시간이 필요했다. 남자는 3개월간 집을 찾아왔고, 그때마다 나는 집에 없거나 간신히 그를 피했다. 한번은 그가 우리 동네를 돌아다니다 가버리는 모습을 본 적도 있다.

어느 날 오전 다섯 시, 누가 우리 집 문을 부서져라 두드리기에, 하우스메이트 중 하나가 열쇠를 두고 나갔나 생각했다. 빗장을 풀지 않은 채 문을 열자, 그 남자는 내가 문을 닫을 틈도 주지 않고 발로 차고 들어왔다. 하우스메이트 하산이 위층에서 자고 있었지만, 남자는 소리를 지르면 죽여버리겠다고 했다. 그는 나를 방으로 끌고 들어가 문을 닫은 다음 두 시간 동안 나를 감금한 채 잔혹하게 강간했다. 나는 중간중간 그의 머리통을 후려칠 만한 무거운 물건이 없나 방 안을 둘러보았지만, 그 순간조차 흑인 트랜스 여성이 시체와 함께 발견되면 어떻게 보일지 생각하지 않을 수 없었다. 그 남자는 나를 강간하는 동안 내 몸에 코카인을 뿌리고 코로 흡입하면서 손가락으로 내 입에 억지로 가루를 집어넣었다. 한참 뒤, 나는 그에게 저항해서 미안하다고, 지금부터는 협조하겠다고 한 뒤 옷장 문에 걸린 실크 잠옷을 가리키며 그를 위해 저걸 입겠다고 했다. 그렇게 탈출할 기회가 생기자마자 나는 2층 하산의 방까지 달려가 경찰에 신고해달라고 했다. 경찰이 도착하기 전 그 남자는 사라졌다.

　강간을 당했다고 신고해야 할지 망설여졌다. 경찰의 눈에 내가 어떻게 보일지 알았으니까. 사람들이 내 말을 믿을 가능성은 거의 없는 데다가, 나는 애초 경찰을 믿지도 않았다. 그럼에도 선택의 여지가 없었다. 안타까운 일이었지만, 경찰의 개입에 대해 내가 품었던 모든 의혹은 사실로 드러났다. 내 몸에 생긴 멍, 베인 상처, 긁힌 상처, 자국을 전부 기록하는 신체검사 내내 내 정신 상태에 대한 배려는 거의 없었다.

그 뒤, 마담조조스 클럽에서 열린 트랜스 클럽 나이트 행사 입구를 지키다가 그 남자를 한 번 더 보았다. 나는 잔뜩 차려입은 상태였지만 그 남자는 나를 알아보았다. 그를 클럽 안으로 안내하면서 CCTV에 그의 얼굴이 찍히기를 빌었다. 그가 지하로 내려가자마자 나는 경찰에 연락한 뒤, 클럽의 안전요원들에게 그를 클럽 안에 잡아두라고 부탁했다. 그러나 그들은 사건이 클럽 안에서 일어난 것이 아니라며 거부했다. 그렇게 그 남자는 또 한 번 빠져나갔다. 클럽 사장이 내가 근처에 있는 줄 모르고 내 이야기를 하는 소리가 들렸다. "그러니까 진짜였던 거네……." 나를 믿어주어야 할 사람들이 나를 믿지 않을지도 모른다는 두려움을 확인했다. 나는 이 사건을 해결하려 최선을 다했다. 담당 경찰관에게는 기억나는 자세한 사항을 모두 말했다. 그러나 아무것도 해결되지 않은 채 시간은 흘렀고, 정의를 실현할 수 있으리라는 희망도 점점 사라져갔다. CCTV에도 찍혔고, 보우 인근에 그의 사진이 실린 '수배' 포스터가 여기저기 붙었는데도 경찰은 그 남자를 찾지 못했다. 몇 주 뒤 나는 사우스런던으로 이사했고, 그 뒤로 다시는 그 남자를 보지 못했다.

사 랑

○ ○ ○

스물세 살, 트랜지션을 막 시작하자마자 강간당한 나는 나이를 먹으며 점점 이 사건을 다른 맥락에서 바라볼 수 있게 되었다. 강간범은 자신이 내게 매력을 느꼈다는 이유로 나를 벌하려 한 것이다. 트랜스 여성에게 끌린 스스로가 수치스러웠던 나머지, 강간을 할 정도로 내 인간성을 박탈했다. 자기가 권력을 휘두를 수 있도록 나를 완전히 복종시키고자 했다. 나는 사람이 그런 짓을 할 수 있다는 사실을 애써 모르고 싶었던 것 같다. 그 사건은 지금의 내가 살아가는 방식을 결정했다. 내가 사귀는 상대, 또는 같은 공간에 있는 상대가 어쩌면 그런 범죄를 저지를 수 있는 사람일지도 모른다는 생각이 언제나 마음 한구석에 자리했다. 결국, 누구라도 그런 사람일 수 있는 것이다. 같은 일이 또다시 일어날 수도 있다는 생각은 늘 내 머리를 떠나지 않고, 아마 앞으로도 마찬가지일 것이다.

그 폭력은 본질적으로 성적이었지만 섹스는 아니었다. 사건이 일어난 뒤로 나는 사람들과 성적인 관계를 온전히 맺는 데 어려움이 생겼다. 강간과 섹스를 분리할 수 없었기에 섹스를 즐길 수 없었다.

이런 일을 겪은 뒤에 내 몸을 힘의 원천으로 바라보기는 어렴다. 예전에도 식이 문제를 겪었지만, 그때는 내 몸이 남성화되는 것을 막고 내 감정을 통제하고 싶은 마음 때문이었다. 이번 일 때문에 나는 내 몸을 총체적으로 혐오하게 됐다. 젠더 트랜지션이라는 엄청난 결정을 내리자마자 겪은 일이었기에 애초에 나 자신을 사랑하기 위한 행동이었던 트랜지션을 시작한 이유조차 잊고 말았다.

그 뒤, 나는 내게 정신적·신체적 폭력을 행사하는 파트너들과 사귀기 시작했다. 정신적 폭력은 폭력을 당하는 당시에는 그 사실을 알지 못한다는 점에서 더 나빴다. 나는 나를 깎아내리고 굴복시키는 나르시시스트들과 만나기 시작했다. 강간 트라우마는 사람들은 이유가 있어야 나를 사랑하며, 사랑은 무조건적인 것이 아니라는 기존의 믿음을 더 강화했다. 나는 부모님이 내가 동성애자나 트랜스젠더라는 사실을 알면 나를 사랑하지 않을 거라고 생각했고, 그렇기에 내가 상대에게 무언가를 해주는 대가로 나의 극히 일부만을 사랑받으면 괜찮다고 생각했다. 사랑이 쉽고 당연하게 찾아올 수 있다는 걸 믿지 않았다.

오랫동안 나는 최악의 연애에서 또 다른 최악의 연애로 옮겨가기를 거듭했다. 모든 연애가 각기 다른 방식으로 나빴다. 트랜스젠더의 사랑과 관계 맺는 방식에 대한 대화가 이루어지기 시작한 것은 꽤나 최근의 일이었기에, 그 시절에는 누군가와 서로 경험을 나누는 것이 불가능하다고 느꼈다. 온라인에서 찾거나 읽어볼 수 있는 정보도 없었다. 그저 사람들에게 개인적으로 전해 들은 이야기가 전부였고, 그러면서 나는 우리 모두 같은 종류의 수치심을 품고 있음을 알아차리기 시작했다. 내가 사랑받을 수 없는 존재이며, 그런 취급을 당해도 마땅하다고 생각하는 수치심 말이다. 그 수치심이 우리의 일부가 된다. 그러면서 우리는 신체적 폭력, 욕설, 정신 조종, 가스라이팅에 노출된다. 폭력이 점점 가중되다가 마침내 스스로를 향하게 된다. 내가 나를 바라보는 방식은 폭력적이었고, 나는 이런 선택들을 받아들이며 스스로의 인간성을 박탈하고 있었다.

○ ○ ○

어느 날 밤, 런던의 클럽에서 제임스를 만났다. 클럽 안은 트랜스 여성, 드래그퀸, 그리고 대체로 남성적인, 전통적 기준으로 매력적인 게이와 양성애자 남성들로 가득했다. 무슨 일이든 일어날 수 있는, '스튜디오 54*' 분위기가 물씬 풍기는 퇴폐적인 클럽 중 한 곳이었다. 제임스는 키가 훤칠하고 늘씬했으며,

• 디스코 전성기를 상징하는 뉴욕의 화려한 나이트클럽.

어깨까지 오는 갈색 머리카락을 뒤로 쓸어넘겨 1990년대 조니 뎁처럼 틀어올린 모양을 하고 있었다. 들어서는 순간 모두의 눈길이 쏠리는 그런 남자였다. 지금에 와서 돌이켜보면 뻔히 들여다보이는 일이다. 제임스에게는 사실 자신만의 것이라고는 아무것도 없었다. 심지어 그의 성적 매력마저도 그의 개성이나 타고 난 성향에서 비롯된 게 아니라 남들이 어떤 것을 매력적이라 여기는지 관찰한 뒤에 클리셰들을 그러모아 연습하고 만들어낸 가짜였다. 그런데도 나는 제임스에게 완전히 빠지고 말았다.

처음 만난 순간, 우리는 서로에게서 눈을 떼지 못한 채 바에서 술을 몇 잔 함께 마셨다. 그가 나를 댄스플로어로 이끌었고, 클럽의 인파 속에서 서로를 놓치고 말았지만, 나중에 함께 아는 친구들에게 내 번호를 물어서는 다음 주에 데이트를 하자고 연락해왔다. 나는 이 상황을 엄청나게 낭만화하면서 이렇게 '탐나는 남자'가 내 여성다움을 알아차리고 나를 여성으로 대했다는 사실이 고마워 어쩔 줄 몰랐다.

제임스는 나르시시스트 그 자체였다. 나르시시스트가 극도로 매력적인 건 그들이 남에게 매력을 발산하는 일에 인생을 바치기 때문이다. 매혹적인 미소를 지으며 칭찬을 쏟아부으면 원하는 걸 쉽고 빠르게 얻을 수 있다. 제임스는 남들이 듣고 싶은 말을 해주는 재능이 있었다. 젊은 트랜스 여성들을 조종하는

데도 능했다. 내게 결혼, 안정감, 아이들, 내가 사랑받고 안전하고 힘을 얻고 있다고 느낄 수 있는 공간들을 수도 없이 약속했다. 그러나 현실에서 나는 그중 무엇도 얻지 못했다. 내가 얻은 것이라고는 그가 흐리멍덩하고 서투르게 흉내낸 남성성, 그리고 내 눈앞에 흔들어 보이던, 이 모든 게 그만한 가치가 있으리라는 약속들이 다였다. 또, 그는 내가 이런 것들을 다른 누구에게서도 얻을 수 없으며, 내 여성다움을 보고 받아들이는 그에게 고마워해야 한다는 암시를, 사실상 내 여성다움은 그의 곁에 있을 때만 존재한다는 암시를 주었다. 우리가 자신 말고는 아무도 우리를 원하지 않을 것이라 말하는 사람을 믿는 이유는, 실은 우리 스스로 그렇게 믿기 때문이다. 결국 그는 내가 입는 옷, 내가 사귀는 친구, 내가 외출하는 시간은 물론 내가 무슨 말을 하고, 무엇을 믿고, 무슨 일을 하는지까지 통제하기 시작했다.

내 경력이 처음부터 쭉쭉 뻗어나간 건 아니지만, 제임스와 사귀던 시절에 몇 가지 중요한 사건들이 일어났다. 내 자신감이 커지기 시작하자 점점 제임스도 그 사실을 알아차렸다. 그리고 자신이 이 상황을 관리하지 않는다면 내가 가진 힘을 스스로 깨달을 위험이 있다는 것도 알아차렸다.

태엽이 째깍째깍 움직이는 것처럼, 아주 사소한 빈정거림이 끊임없이 이어지기 시작했다. "부업을 그만두지 마. 누구나 5분짜리 유명세는 누리는 법이야", 그러면서 그는 내가 반짝 인기를 누리고 있다고 생각하게 만들었다. 그때, 내가 얻은 힘이 그가 느끼는 권력감과 직접적인 대립 관계에 있음을 알았다. 제임스에게 두 가지는 공존할 수 없었다. 그제야 나는 내가 가진 잠재력을 알아차린 그가 나에게 얼마나 큰 위협을 느끼는지 분명히 알 수 있었다. 내가 커지면 그는 위축되었다. 우리 둘의 관계는 내가 그에게 복종하는 역학에 전적으로 의존하고 있었다. 그리고 그 순간부터 우리의 관계는 최악으로 치닫기 시작했다.

제임스와의 드라마는 점점 고조되어 내 삶의 모든 부분에 스며들었다. 친구들은 내가 늘 울적해 보인다며 걱정했다. 심지어 어머니도 한계에 다다랐다. 내가 나 자신을 감당하지 못하는 것처럼 보이자 다들 답답해했다. 나르시시스트들은 상대에게 자신이 없는 삶은 외롭기만 할 것이라는 확신을 심어주는 데 능하다. 나는 제임스에게 문제가 있음을 알았지만, 그럼에도 아직도 이 섹시하고 말도 안 되게 매력적인 남자가 평생 스스로를 괴물이라 여길 수밖에 없었던, 이토록 사회적으로 불안정한 나를 좋아해준다는 사실이 행운이라는 생각을 버릴 수가 없었다. 그는 내 절망을 먹고 살았다.

제임스는 내 친구들까지 통제했다. 내 체중, 외모를 비난하고, 내가 입는 옷을 감시했다. 그의 사랑을 받으려면 최대한 완벽해 보여야 한다는 걸 너무나 잘 알았던 나는 남들 눈에 보이지 않는 방식으로 자해하는 법을 배웠다. 발바닥에 칼로 상처를 낸 뒤 미끄러졌다거나 유리 조각을 밟았다고 했다. 고데기를 사용하다가 '실수로' 화상을 입었다고 했다.

그가 극우 이데올로기에 경도되어 온라인상에서 떠도는 음모론에 심취한 뒤에야 나는 그가 타인을 얼마나 부당하게 대하는지를 깨닫기 시작했다. 이런 태도는 주로 그가 온라인에 남기는 댓글에서 드러났지만, 실제 삶에서도 그의 태도는 다를 바가 없었다. 나는 그에게서 멀어지기 시작했다. 우리는 엄청난 싸움 끝에 헤어졌고, 그는 완전히 사라졌다가 자기 물건을 챙기기 위해 돌아온 뒤 다시 사라져버렸다.

처음 여성과 사귀었을 때, 나는 내가 가진 정체성과 사랑에 대한 개념이 남성과 함께하면서 남성의 인정을 받는 것에 얼마나 의존하고 있었는지 알게 되었다. 그때까지 나는 내가 양성애자나 범성애자일 수도 있다는 생각을 한 번도 해본 적 없었다. 여성에게도 끌리지만, 전반적으로 남성에게 더 끌리는 이상, 광범위한 섹슈얼리티의 유동성을 포용하기보다는 둘 중 하나를 선택해야 한다고 생각했던 것이다.

아바를 처음 본 순간 나는 그녀에게 깊은 연결감을 느꼈다. 새롭지만 반가운 감정이었다. 아바는 믿기지 않을 정도로 아름다웠다. 그녀는 조각 같은 이목구비와 올리브색 피부, 어깨에 닿을락 말락 하는 윤기 나는 검은 머리를 가진 프랑스계 알제리인이었다. 처음에는 아바도 트랜스 여성이라는 사실을 몰랐다. 아바는 말 한마디 없이도 머릿속 생각을 그대로 드러내는 미소를 지녔고, 아마 내가 가장 좋아했던 점이 그 솔직한 미소였던 것 같다. 아바를 더 잘 알고 싶었다. 그녀에게는 사람을 끌어들이는 깊이가 있었다. 수많은 사람들을 가까이 두었지만, 나는 예외였다. 그녀를 만난 건 내가 캐너비 스트리트에서 열린 어느 가게의 개점 행사에서 디제잉을 할 때였다. 내 공연이 열린다는 광고를 본 아바가 나에게 자신을 소개하러 찾아온 것이다. 아바의 자신감이 마음에 들었던 나는 함께 술을 마시자고 청했다.

아바가 트랜스젠더라는 사실을 알았을 때 나는 잠깐 굳었다. 너무나 많은 혐오를 내면화한 나머지, 트랜스 여성인 내가 사랑받을 자격이 없으니, 아바 역시 마찬가지라는 생각이 들었던 것이다. 그러나 아바 앞에서 그런 생각들은 눈녹듯 사라졌다. 술을 마시러 간 우리는 금세 친해져서 트랜스젠더로 살아간다는 것에 대해, 시스젠더 이성애자 남자와 사귀는 게 얼마나 지독한 경험인가에 대해 이야기를 나누었다. 바에서 나온 뒤에도 지하철에서 계속 수다를 이어갔고, 아바는 내 손을 꼭 잡고 나를 집까지 데려다주었다. 이 감정은 여태 겪은 그 어떤 감정과도 다른 것이라는 걸, 우정 이상이라는 걸 알 수 있었다. 아바에게 키스하고 싶었지만, 나 혼자 느끼는 감정일까 봐 겁이 났다. 다행히, 나만의 감정이 아니었다.

아바는 내가 처음으로 동등한 관계로 만난 사람이었다. 내가 상대의 이익을 위한 무기로 쓰이고 있지 않다는 느낌이 든 건 이번이 처음이었다. 여태까지 만난 남성들과의 관계가 대체로 그랬던 것과는 달랐다. 아바는 견고한 자아를 지니고 있었다. 내게 거울이 되어주었다. 내가 잘못한 일에 대해 책임지게 하기보다 벌을 주던 과거의 연애들과는 달리 아바는 내게 건강한 방식으로 책임지는 법을 알려주었다. 우리는 3년간 만났다 헤어졌다를 반복했고, 그사이 모델로서의 내 경력은 쭉쭉 뻗어나갔다. 열정과 존중을 담아 사랑받는 기분을 느낀 연애, 행복하고 안전하다는 느낌이 드는 연애는 처음이었다.

안타깝게도 아바와의 관계를 망친 건 나였다. 우리 사이가 끝난 건 내가 그런 종류의 사랑을 받아들일 준비가 되어 있지 않아서였던 것 같다. 나는 사랑이란 힘든 것이라고, 상처를 주는 방식으로 열정적이어야 한다고 생각했다. 내가 아는 사랑은 온 힘을 다해보았자 고작 부스러기만 얻을 수 있는 그런 것이었다. 나는 아바의 사랑에 보답하는 방법을 몰랐다. 또, 내면화된 동성애 혐오도 겪었던 것 같다. 먼 미래에 여성과 함께하는 내 모습이 그려지지 않았던 것이다. 어렸을 때부터 한 번도 상상해본 적 없는 모습이었다. 그것이 내 섹슈얼리티에 있어 어떤 의미를 가지는지를 생각하다가 겁에 질렸다. 여성과 낭만적 관계를 맺다니, 그러면 나는 뭐지?

그 시절 내가 섹스와 맺는 관계는 지금과는 달랐다. 아바를 만나기 전, 나는 섹스에 참여하는 것이 아니라 섹스를 수행했다. 섹스의 중심은 남성의 사정이었고, 상대가 사정할 수 있도록 섹스를 수행하는 일에 몰두한 나머지 나는 즐기지 못했다. 파트너와 진정으로 연결되는 대신, 나는 포르노그래피 속 유혹적인 모습을 계산적으로 따라했다. 내가 섹시해 보일 수 있게 등을 활처럼 휘고 있나? 상대가 발기할 수 있게 신음을 내고 있나? 상대가 자신을 대단한 남자라 느낄 수 있도록 격려하고 있나? 그러나 아바의 섹스는 그 어떤 기대와도 무관한, 오로지 우리 둘 사이의 일이었다. 아바는 내가 아름답다고 생각했으며 나는 아바가 아름답다고 생각했는데, 그게 나한테는 상당히 불편하게 느껴졌다. 나는 무조건적인 사랑을 받을 수 있을 만큼 나 자신을 사랑하지 않았다. 처음으로, 이번에는 내가 아바의 사랑을 받을 자격이 없는 나쁜 파트너가 될까 봐 겁이 났다. 파트너의 기쁨, 믿음, 헌신 앞에서 무책임한 사람 말이다. 아직도 나는 내가 했던 행동이 너무나 후회된다. 다른 연애들은 되새기지 않지만, 아바와의 관계에 있어서는 아직도 내가 그녀의 사랑을 받아들일 수 있었더라면 어떤 일이 일어났을까 생각하곤 한다.

아바와 헤어진 뒤, 나는 내가 만나는 사람이 여자건 남자건 그 사람이 가진 여성성을 우선시하고 이에 가치를 두기 시작했다. 예전에는 남성적인 이의 사랑을 받을 수 있도록 여성적이 되는 것이 나의 역할이라 생각했다. 그러나 이제는 여성성이 곧 나 자신이며, 그것이 바로 나의 힘이기에 누구도 그것을 휘두르고 조종할 수 없다는 사실을 안다. 아바와 함께하면서 나는 교환, 페티시, 투사에 바탕을 두지 않은 동등한 형태의 사랑을 경험할 수 있었다. 사랑은 상대가 생각하는 자신의 모습을 유지할 수 있도록 내가 그들에게 영합하는 데 달린 게 아니었다. 이전의 연애들은 전부 그런 식이었다. 연애를 할 때 나는 늘 타인의 삶에 나를 맞췄다. 아바와 만날 땐 처음으로 그녀가 진짜 나를 보고 있다는 기분, 처음으로 진정으로 친밀한 경험을 한다는 느낌이 들었다. 여태까지의 연애가 내게 주어지는 연애의 파편들을 받아드는 것에 불과했던 것과는 달리, 아바를 만나며 나는 성장했다. 그 뒤, 나는 나처럼 이 과정을 거친 남자들, 대화를 하고 자신들의 섹슈얼리티를 이해하려 노력한 남자들을 만났다. 사회는 그 이후로 크게 변화하며 사람들이 자신을 표현하고 질문을 하고 자신의 욕망으로부터 숨지 않을 공간을 내주었다. 사실 처음부터 이런 연애를 할 수도 있었겠지만, 나 또한 이 작업을 마치기 전까지는 그런 관계를 받아들일 수 있는 입장이 아니었다.

나 자신을 위한 작업이란 곧 내 존재를 맥락 속에 놓는 것, 내 조상들―퀴어 조상, 흑인 조상, 트랜스젠더 조상―을 이해하는 것, 사회가 어떻게 여기까지 왔으며 내가 이 사회를 어떻게 헤쳐나갈지를 이해하는 것이었다. 그것은 더 건강한 선택을 하는 것, 내가 삶에서 담당하는 역할을 이해하는 것이었다. 성장과 사랑이 가능한 장소에서 내 삶을 이끌어가기로 선택하는 것이었다. 우리는 타인의 문제에 있어서는 도덕이라는 나침반을 쉽게 들이대지만, 자신을 존중하고 가치 있게 여기지 않을 때 그 나침반은 흐려지고 방향을 잃고 만다. 어째서 나는 지금까지 사랑하는 사람들에게 일어나지 않았으면 하는 일들을 당하면서도 참아온 걸까?

내가 가치 있는 사람이라는 걸 깨달아갈수록, 해로운 '사랑'을 받아들일 수 없게 되었다. 이제는 그런 사랑에 끌리지 않는다. 예전에는 남자들이 나를 대하는 방식에 몹시 분노했지만, 나 자신을 샅샅이 탐구하고 난 뒤로 행복하고 충만한 이들은 타인에게 그런 식으로 잔인하게 굴지 않는다는 걸 알게 되었다.

진정으로 행복하고 충만한 사람들은 마찬가지로 자신에게도 잔인하게 굴지 않는다. 자기 자신을 사랑할 수 없는 사람은 복잡한 타인을 있는 그대로 완전히 사랑할 수 없다.

인종

"흑인의 목숨은 소중하다^{Black Lives Matter}"라는 표현을 처음 들은 것은 2014년 7월, 에릭 가너의 죽음이 담긴 영상이 소셜미디어를 통해 퍼져나간 뒤였다.

그가 마지막으로 남긴 "숨을 못 쉬겠어요"라는 말이 그 뒤로 몇 주, 몇 달간 머릿속을 떠나지 않고 메아리쳤다. 일에 집중할 수가 없었다. 방금 목격한 장면을 소화하려 하면 할수록 움츠러들고, 과민해지고, 산만해졌다. 몸속에서 분노가 도저히 떨칠 수 없는 둔중한 긴장감이 되어, 늘 그곳에 있던 무거운 추처럼 경련하는 것을 느꼈다. 고함을 지르고 싶었지만 지를 수 없었다. 어떻게 그런 일이 일어날 수 있는지 이해하고 싶었지만 이해할 수 없었다. 그 감정을 마음속 깊숙한 곳에 묻어버리고 싶였다. 그저 남들과 다른 것이 다가 아니고, 내가 지닌 차이의 특성이 타인에게 잠재적 위협이 된다는 사실을 알게 되었던 어린 시절에 그랬던 것처럼. 그러나 그럴 수 없었다.

∘ ∘ ∘

경찰이 목을 졸라 사망한 에릭 가너의 시신이 바닥에 누워 있는 모습을 보며 생각했다. 만약 이 사람이 내 아버지라면? 만약 내 아버지가 목숨을 잃는 순간이 담긴 영상이 소셜미디어에 공유된다면? 만약 에릭 가너가 백인 남성이었더라도 사람들이 이렇게 생각 없이 영상을 공유했을까? 내게 가장 큰 상처가 된 것은 흑인의 죽음을 향한 무관심, 그리고 잇따르는 흑인의 고통에 대한 학습된 무시와 그에 일조하는 겉치레에 불과한 관심이었다.

흑인의 몸은 살아 있을 때뿐 아니라 죽어서까지도 존중받지 못한다. 우리는 백인의 죽음이 등장하는 영상을 소셜미디어에서 볼 일이 없는데, 백인의 삶과 결부된 사회적 가치가 존재하기 때문이다. 흑인은 같은 시선으로 보여지지 않는다. 우리는 흑인의 신체가 폭력을 감내하는 모습을 보는 데 너무나도 익숙하다. 우리는 흑인의 역사가 폭력과 함께 시작되었다고 배웠다.

흑인의 신체가 폭력적이라 배웠다. 이 배움은 우리 안에 단절을 새겨넣었다. 마치 폭력이 예상된 것, 정상적인 것, 놀랍지 않은 것이라는 듯이. 백인이라면 이를 무시할 수 있다. 흑인이라면, 이를 감내하는 법을 배우게 된다. 그러나 우리는 폭력의 존재를 잊지 않는다. 내심 다음은 내 차례일 수 있다는 생각이 마음 한 구석을 떠나지 않는다.

에릭 가너의 죽음 이후 몇 년간 일어난 일들 역시 불안감을 가중시켰다. 2017년 8월 12일, 세상은 남부연합이 세운 노예 소유주 로버트 E. 리의 동상을 철거하려는 움직임에 항의하고자 백인 우월주의자, 네오 나치, KKK 단원, 네오 파시스트, 신남부연합, 대안 우파 민족주의자들과 우익 무장 집단이 버지니아주 샬러츠빌의 리파크(오늘날의 마켓스트리트파크)에 결집해 유나이트더라이트Unite the Right 시위를 벌이는 모습을 지켜보며 공포에 질렸다.

이날의 시위를 담은 영상들은 마치 호러 영화에서 꺼내온 장면들 같다. 시위 참가자들이 활활 타는 횃불을 들고 "너희들은 나를 대체할 수 없다you will not replace us"와 "백인의 목숨도 소중하다white lives matter"라는 구호를 외쳐대는 모습은 도널드 트럼프의 취임 이후 이런 일을 예상하며 두려워했던 많은 유색인들의 악몽이 실현된 것이나 다름없었다. 폭동이 극에 달하자, 네오 나치인 제임스 알렉스 필즈 주니어가 차를 몰고 인종주의에 반대하며 평화 시위를 벌이던 이들에게 돌진해 시위대의 일원인 헤더 헤이어가 사망했으며 35명이 부상을 입었다. 이후 2019년 필즈 주니어는 무기징역을 선고받았다.

샬러츠빌 폭동 영상들을 보고 있자니 유럽과 미국 양쪽에서 팽팽해진 인종적 긴장이 끓는점에 도달했다는, 비현실적이면서도 일어날 일이 일어났다라는 감정이 밀려왔다. 주류 미디어에서는 인종주의를 논하지 않는다. 적어도 유색인의 관점에서는 말이다. 인종주의는 비판적이지 못한 시각을 통해 끊임없이 간과된다. 백인 우월주의가 대중에게 일촉즉발의 심각한 위협을 가한다는 생각은 여전히 추상적인 개념으로만 제시되고, 이슬람 혐오의 그늘에서 축소되기도 한다. 마치 백인 사회는 결코 사회에 심각한 위협을 끼칠 수 없다는 듯 말이다. 그러나 저 모습을 보라…… 전 세계 많은 이들이 그랬겠지만, 나 역시 분노와 공포 속에서 폭동을 지켜보았다. 이런 일이 일어날 수 있다는 사실, 극우 세력이 일반 대중에게 가한 위협을 그 누구도 예상하지도, 막지도 않았다는 사실에 극도의 무력감과 분노를 느꼈다. 만약 무기를 들고 행진하는 400명의 시위자가 무슬림이거나 블랙라이브스매터 활동가였다면 처음부터 주 방위군이 출동하지 않았겠는가?

실시간으로 폭동이 일어나는 모습을 보며 끔찍하고 불안한 감정을 느낀 나는 자신들에게 이익을 주는 체계가 낳은 징후들을 제대로 해결하려 들지 않는 백인 사회를 향한 분노와 좌절을 소셜미디어에 쏟아냈다. 당시에는 지금처럼 팔로어가 많지 않았지만, 약 5000명의 팔로어 중 대부분은 내가 하는 이야기의 맥락을 이해했고, 나만큼이나 지금 일어나는 일에 경악을 금치 못했다. 나는 이 사람들이 그저 일부에 불과한 썩은 계란이 아니라 정치에서 경찰, 의료, 주거, 교육, 고용에 이르기까지 서양 사회의 구석구석에 권력과 영향력을 행사하는 억압 체계의 전형이자 산물임을 표현하고 싶었다.

체계적 인종주의는 유색인이 매일 살아가는 일상의 모든 통치 체계를 지배한다. 인종주의가 유지되는 이유는 그것이 유색인의 강제노동, 권리 박탈, 주변화, 비인간화를 통해 권력을 획득하고 유지하는 이들에게 이익이 되기 때문이다. 샬러츠빌 폭동은 단독으로 일어난 사건이 아니고, 그렇게 보아서도 안 된다. 이 사건은 근본적인 문제를 해결하려 들지 않는 사회가 필연적으로 맞이하게 된 결과다.

스위치가 켜졌다. 내게 중요한 건 시위에 대한 반응이었지, 내가 소셜미디어에 남긴 글에 대한 반응이 아니었다. 나는 부정할 수 없는 사실을 말했고, 그런 나를 남들이 뭐라 생각하든 알

바 아니었다. 그런 건 조금도 신경 쓰이지 않았다. 백인 우월주의가 존재하고 그것이 사회에 상당한, 그리고 즉각적인 위협을 일으키며, 이제는 모두가 목격할 수 있게 실시간으로 방송되고 있었다. 이 시위의 폭력성에는 눈을 돌리고 그 대신 백인 사회의 시선에서 적절치 않은 반응을 보이는 유색인들을 비난하는 것은 공감 능력의 결여이자 인종주의 폭력을 목격하는 일이 유색인에게 미치는 영향에 대한 몰이해를 보여주는 사례이다. 그런 비난은 백인 사회가 비판에 얼마나 익숙하지 않은지, 주류 미디어가 사회적 구성물로서 백인 정체성whiteness과 식민주의의 유산을 비판하는 경우가 얼마나 드문지를 보여줄 뿐이다.

솔직히 말해 난 이제 백인들의 인종주의 폭력에 대해 더는 이야기할 기운이 없다. 그래, '모든' 백인들 말이다. 당신들 대부분은 백인으로서 당신의 존재, 특권, 성공이 유색인들의 등, 피, 죽음을 딛고 이루어진 것이라는 사실을 까맣게 모르거나 인정하지 않으니까. 당신들의 존재 전체가 인종주의에 푹 젖어 있다. 미세 차별micro-aggression*에서 테러리즘에 이르기까지 당신들이 이런 상황의 청사

---

* 소수자 집단, 특히 특정 인종 집단에 속한 사람들이 소외감을 느끼게 만드는 미묘하고 깨닫기 어려운 말과 행동의 형태로 이루어지는 차별.

진을 만들어낸 것이다. 인종주의가 학습되는 것이 아니라 계승되는 것이고, 의식적이건 무의식적이건 특권을 통해 다음 세대로 전해지는 것이라는 사실을 깨닫게 되면 날 찾아와라. 백인들이 자기 인종이야말로 지구상에서 가장 폭력적이고 억압적인 권력임을 깨달은 뒤에야…… 우리도 대화할 수 있을 것이다.

이 글을 남겼을 때 부정적인 반응을 보이며 반발한 팔로어는 얼마 없었다. 내 어조를 문제 삼는 사람도 있었지만, 내가 이런 글을 남길 수밖에 없었던 그 사건이 무엇인지 상기한 다음에는 자신들이 엉뚱한 것에 집중하고 있음을 깨달았다. 유색인이 인종주의 폭력과 백인 우월주의의 유산 앞에서 화를 내지 않거나 그 화를 표출하지 않기를 바라는 것은 곧 이런 폭력이 제재 없이 계속되도록 허락하는 일임을 깨달았기 때문이다. 우리가 폭력의 근원을 인정하지 않는다면 무슨 수로 그 궤도를 바꿀 수 있으리라는 희망을 갖겠는가? 터놓고 말하자면 나는 백인 사회 전체가 적극적인 반인종주의자로 살아가기 위한 작업을 하고, '백인 정체성'이라는 사회의 구성물과 맺는 관계를 의식적으로 분석하지 않는 한, 능동적으로건 수동적으로건 백인 우월주의에 일조한다고 생각한다.

이 글의 중요한 쟁점은 대부분, 혹은 그만큼은 아니라 해도 많은 백인들이 극히 최근까지 자신들의 인종이 세상의 다른 이들과 상호작용하는 방식에 대해 어떠한 생각도, 해명도 해본 적이 없으며, 따라서 자신들을 특정한 민족이라 생각지 않는다는 것이었다.

아주 어린 시절부터 우리는 백인의 역사를 부정확한 방식으로 배운다. 백인으로 이루어진 서양의 이상이라는 개념이 전 지구에 끼친 해악을 최소화하거나 나아가 완전히 지워버리는 협소한 렌즈를 통해 역사를 보기 때문이다. 우리는 유럽의 작은 섬이 어떻게 강대국이 될 수 있었는지를 정확히 배우지 않는다. 이를 가능케 했고, 오늘날까지도 가능케 하는 착취, 노예제도, 학대에 대해 배우지 않는다. 인종주의는 백인 우월주의를 바탕으로 만들어진 체계 속에서 일상을 살아가는 유색인들의 체험과 분리된, 뉘앙스가 제거된 방식으로 이야기된다. 그 대신, 인종주의는 흑인, 백인, 아시아인, 아메리카 원주민을 막론하고 모두에게 영향을 미치는 편견을 개별적으로 예시하며 민주적으로 다루어진다. 그러나 현실에서 백인은 체계적 인종주의를 경험하지 않는다. 백인은 권력과의 근접성을 결정하는 계급, 섹슈얼리티, 국적, 젠더, 능력 같은 요소와 더불어 이 체계에서 이익을 얻는 집단이다. 백인 우월주의는 백인 정체성이 세상의 정점에 있다고 세뇌하는 문화를 통해 계승된다. 백인 우월주의가 세계에 미치는 영향은 지워지고, 비판은 억눌리고, 이에 대한 저항이 악마화되며 현 상태가 유지되는 것이다.

○ ○ ○

2017년 2월 6일, 세계 최대의 뷰티 브랜드 로레알로부터 그해 출시할 신제품인 트루매치파운데이션 캠페인에 참여해달라는 이메일을 받았다. 진짜가 맞는지 발신인의 주소와 요청 사항을 샅샅이 살펴보며 네 번은 읽었던 것 같다. 믿기지 않았다. 이렇게 영향력 있는 거대 기업이 나 같은 사람과 일하고 싶어한다니……, 분명 뭔가 함정이 있을 것이라 여기고 들뜨는 마음을 애써 가라앉히며 요청을 받아들였다. 내게 그리 대단한 일이 주어지지는 않을 것이라 짐작했지만, 어쨌든 상대는 로레알이니 아무리 작은 일이라도 내겐 대단한 것이었다.

한 달 후, 파리에서 캠페인 촬영을 했다. 유로스타에 올라 파리를 향하는 동안, 여태까지 로레알 캠페인에서 트랜스젠더 모델을 본 적이 한 번도 없다는 데 생각이 미쳤다. 그렇지만 내가 최초가 될지도 모른다는 생각은 버리기로 했다. 지금까지 유명 브랜드 캠페인에 참여한 경력이 단 한 번뿐인 나 같은 사람에게는 일어날 수 없는 일이라 생각했기 때문이다. 그날, 내가 정말 로레알과 계약한 최초의 트랜스젠더 모델이라는 사실을 확인하고서야 이번 일이 엄청난 전환점이 될 것이기에 변화할 모든 것에 대비해 마음의 준비를 해야 한단 걸 알게 되었다.

5개월 뒤인 2017년 8월 27일 일요일, 캠페인이 공개되었다. 그 당시 나는 모델 수입만으로는 부족한 생활비를 충당하기 위해 브릭스턴의 한 바에서 일하고 있었다. 캠페인이 공개될 때 내 경력이 건강한 자리에 있을 수 있도록, 클럽에서 하던 일은 그만두고 패션과 뷰티 업계에서 이름을 알리는 데 온 힘을 쏟기로 했다. 밤 문화가 지지부진하게 느껴졌다. 여전히 즐겁기는 했으나 지금은 미래를 위해 내가 진정 원하는 일에 집중할 때였다. 그 일이 지난 7년간의 내 모습이던 런던의 파티걸은 아니었다. 재미있었고, 많이 성장했고, 그러면서 여러 교훈을 얻기도 했지만, 이제는 그 삶을 버릴 때가 왔다. 물론 경력 전환을 촉진하기 위해 파트타임 일자리를 얻어야 했지만 말이다.

트루매치 캠페인을 촬영한 시점과 캠페인이 공개된 시점 사이에 나는 그해 하반기 공개될 두 곳의 다른 뷰티 브랜드 캠페인을 촬영했다. 하나는 스킨 케어 브랜드, 다른 하나는 향수였다. 내 삶에 내가 이룬 변화가 자랑스러웠고, 여태까지 해온 노력과 희생이 마침내 보상받으리라는 생각에 들떠 있었다.

캠페인은 성대하게 공개되었다. 별안간 영국 〈보그〉와 〈엘르〉

같은 유명 패션 잡지와 인터뷰를 하게 되었다. 로레알이 최초로 트랜스젠더 모델을 고용했다는 소식은 내 예상보다도, 아니, 내가 감히 꿈꾸던 것보다도 빠른 속도로 퍼졌다. 온 세상에 내 소식이 알려졌고, 소셜미디어에서도 분당 몇백 명씩 팔로어가 늘면서 유명해졌다. 내가 트랜스젠더 공동체를 이렇게 크게 대표할 수 있는 자리에 서리라고는 생각지 못했다. 그리고 이 상황이 내게는 활동가들의 공간에서 하던 대화를 주류 미디어로 옮겨올 수 있는 기회라 생각했다. 생각해야 할 일이 많았다. 마침내 이 프로젝트의 일부가 되었다는 사실에 마음 놓고 들뜰 수 있었다. 어쩌면 내심 내 눈으로 확인하기 전까지는, 정말로 진짜가 되기 전까지는 완전히 믿지 못했던 것 같기도 하다. 그러나 그 뒤로 펼쳐질 일에 대해서 나는 조금도 예상하지 못했다.

살러츠빌 폭동에 대해 내가 소셜미디어에 남긴 글을 대학 동창 중 누군가가 캡처해 데일리메일에 보냈다. 그 동창과 나는 언제나 의견이 달랐고, 한번은 그 동창이 영화 〈혹성 탈출〉 등장인물 사진 옆에 미셸 오바마 사진을 합성한 밈을 공유하는 것을 내가 공개적으로 비난한 적도 있었다. 8월 31일, 그날 저녁에 초대받은 행사를 위해 소호에서 쇼핑하고 있는데 로레알에서 전화가 왔다. 데일리메일이 로레알 측에 연락해 로레알 모델 중 한 사람이 소셜미디어에 남긴 '인종주의적 포스팅'에 관한 기사를 낼 것임을 알렸다고 했다.

심장이 쿵 내려앉았다. 내가 쓴 글이 잘못되었다고 생각하지는 않았지만, 데일리메일이 그 이야기를 어떤 식으로 왜곡할지는 뻔했다. 로레알 측에서는 지금 당장 귀가하고, 소셜미디어에는 그 어떤 글도 남기지 말고, 오늘 저녁 행사에도 참석하지 말라고 했다. 기사가 나오고 로레알의 위기대응팀이 다음 단계를 조언해줄 때까지는 자숙하며 연락을 기다리라고 했다. 나는 그 글이 샬러츠빌 폭동에 대한 것이었음을 명확히 밝히며 해명하고자 했다. 그 글이 무슨 의미였으며, 내가 왜 그 글을 썼는지, 그 글은 캠페인 출시 이후에 남긴 글이 아니라는 것도 이해시키고자 했다. 그러나 헤드라인을 읽은 로레알 측의 반응은 브랜드로서 내가 남긴 인종주의적 언사를 좌시할 수 없다는 것이었다. 내 계약은 해지되었고 나는 공식적으로 해고되었다.

그날 밤 11시 1분 기사가 나왔다. 기사는 곧장 화제가 되어 소셜미디어를 통해 들불처럼 번져나갔다. 헤드라인은 다음과 같았다. 〈로레알 최초의 트랜스젠더 모델, 페이스북에 '모든 백인'이 인종주의자라고 주장하는 남다른 불평을 쏟아낸 뒤 뷰티 업계의 거물로부터 '해고'당하다〉. 며칠 만에 그 뉴스는 전 세계 언론에 등장했으며, 미국과 영국의 온갖 주류 신문과 온라인 매체에는 빠짐없이 등장하다시피 했다. 나는 이런 사태에 준비가 전혀 되어 있지 않았다. 몸이 차게 식어 감각이 없었다. 그저 몸을 둥그렇게 말고 침대에 웅크린 채 펑펑 울어 흐려진 눈으로 벽만 쳐다보았다. 어떻게 해야 할지 알 수 없었다. 조언을 해줄 매니저도, 사태를 전환시킬 홍보 담당자도 없었으며, 변호사를 고용할 돈도 없었다. 나는 꼬박 하루를 아무 대응 없이 가만히 있었다. 그다음에는 맞서 싸우기로 마음먹었다.

영국의 온갖 주요 언론사로부터 온 인터뷰 요청 이메일이 받은편지함에 가득했다. 구원받을 수 없다면 최소한 피해를 줄이기 위해서라도 진실을 말할 기회를 하나도 놓치지 않고 인간으로서 나를 완전히 거짓되게 그려낸 기사가 어떤 맥락에서 나온 것인지를 알리는 수밖에 없었다.

보수 언론은 잔칫날이라도 된 듯, 인종주의가 존재하며 그것이 백인에게 이득이라는 점을 감히 지적한 내게 인종주의자 꼬리표를 붙였다. 소셜미디어의 괴롭힘 역시 상상할 수 없을 정도로 심했다. 죽이겠다는 협박, 강간하겠다는 협박이 쏟아졌고, 얼굴 없는 계정들이 내가 사는 곳을 안다고, 나를 보고 있다고, 나를 참수하고 "내 해골을 강간하겠다"고 했다. 집을 떠나기가 두려웠고 수시로 등 뒤를 살펴야 했다.

나는 채널4 뉴스부터 굿모닝브리튼, BBC 뉴스, ITV 뉴스, 스카이 뉴스에 이르기까지 내 입장을 말할 수 있는 모든 기회를 마다하지 않았다. 사람들이 어떻게 받아들일지는 몰랐으나, 이쯤 되니 정말 잃을 게 없었다. 여태 내가 맺어왔던 브랜드 파트너십이 전부 효력을 잃었다. 로레알 출시 전에 촬영했던 두 건의 캠페인 화보도 없던 것이 됐다. 나에게는 식비와 월세를 간신히 해결할 돈뿐이었다. 그러니 잃을 것이 하나도 없는 상황이었다.

◦ ◦ ◦

로레알 스캔들 이후의 어두운 시간 동안 학창 시절과 크게 다르지 않은 무력감을 느꼈다. 마침내 나락으로 떨어진 나는 두 가지 선택이 있다는 걸 알았다. 하나는 스스로를 망가뜨리고 그 모습을 세상에 보여주는 것, 다른 하나는 비판적 인종 이론을 통해 사회에 문제를 제기했던 방식으로 나 자신을 이해하기 시작하는 것이었다. 따지고 보면 나 역시 사회의 산물이다. 동성애 혐오와 인종주의는 사실에 뿌리내린 것이 아니다. 그것은 해체할 수 있는 믿음이고, 그러고 나면 마침내 자신의 고통을 알 수 있게 된다. 나는 나라는 사람이 가진 온갖 추한 면들을 살펴보고, 나 스스로 나에게 겨냥한 온갖 증오를 보았다. 나는 타인들이 나를 취급하는 방식대로 행동하고 있었다. 어째서 나 자신을 혐오하는지 묻기 시작했다. 만약 내가 죽는다면 그건 타인을 위해서였고, 나는 그들에게 그런 기쁨을 안겨주고 싶지 않았다.

어둡기만 한 나날 속에 단 하나 희망의 불씨가 있었다면, 가족과의 관계가 치유되기 시작했다는 것이다. 내가 트랜스젠더라고 커밍아웃 한 뒤 일 년하고도 반이 지나도록 엄마와 나는 대화를 나누지 않았다. 나도 더는 집을 찾지 않고 연락을 완전히 끊었으며, 그 결과 학대적인 파트너의 관심을 더욱 갈구하게 되는 바람에 상대는 잔뜩 신이 났다. 뜻밖에도 엄마와 나 사이를 다시 이어준 건 아버지였다. 아버지는 예전처럼 나를 실망스럽기만 한 자식으로 대하는 대신, 서로를 동등한 성인으로 대하는 가족의 모습을 새로이 만들었다. 아버지와 함께한 어린 시절엔 상상조차 할 수 없던 일이었다. 여전히 아버지에 대한 앙금은 남아 있었지만, 그래도 아버지는 엄마와 나를 만나게 했다. 나에게 가족이 필요하며, 우리가 다시 이어지지 않는다면 부모님은 영영 나를 잃을 것이고, 나 역시 영영 나 자신을 잃을 것임을 아버지는 알았던 것이다.

다시 만난 우리는 가족으로 살아가려면 우리 모두 나름대로의 전환을 거쳐야 한다는 것을 깨달았다. 나는 부모님이 실수를 저지르기도 하고 자신의 감정을 몰라 잘못된 행동을 하기도 하는 인간이라는 사실을 인정해야 했다. 그 전까지 부모님은 나를 만들었지만 받아들일 수 없는 사람일 뿐이었다. 부모님 역시 나름의 트라우마와 상처를 안고 있는 사람일 수도 있다는 생각은 해본 적 없었다. 나는 부모님의 갈등을 또 다른 시각으로 바라보았고, 나를 용서하는 동시에 그들을 용서하는 법을 배워갔다. 과묵한 남자인 아버지가 내 어린 시절이 그런 식으로 흘러갔다는 사실에 엄청난 죄책감을 느낀다는 것, 자기 행동을 후회한다는 사실을 알 수 있었다. 과거를 바꿀 수는 없지만, 상호 존중의 약속을 바탕으로 처음부터 다시 시작할 수는 있다. 우리는 이제 과거는 고통스러웠지만 미래는 얼마든지 건강하고 행복한 모습으로 빚어낼 수 있다는 이해를 바탕으로 다시금 관계를 다져가고 있다.

우리가 막 화해하기 시작할 무렵 로레알 논란이 터지는 바람에 불안해졌던 기억이 난다. 처음에 엄마는 내가 올린 글 때문에 당황했다. 백인인 당신이 폭력적이라 생각하느냐고 내게 묻기도 했다. 미디어가 내 글을 교묘하게 그런 틀에 넣었으니 엄마가 그렇게 생각할 만도 했다. 내가 내 글의 맥락을 설명하자 엄마는 곧장 이해했다. 그 뒤로 가족은 논란의 후유증을 겪는 동안을 버틸 귀한 자원이 되어주었다. 아버지와 나는 인종을 주제로 대화를 나누었고 아버지는 당신이 경험한 인종주의를 허심탄회하게 이야기해주었다. 오래전부터 아버지와 흑인이라는 경험을 나눌 수 있는 관계를 맺고 싶었으니, 이 모든 일이 빚어 낸 가장 좋은 일은 아버지와의 관계였던 것 같다.

굿모닝브리튼에 출연한 15분은 살면서 가장 불안에 떨었던 시간이었지만, 이 방송을 통해 내 입장을 드러낸 뒤로 판도는 바뀌기 시작했다. 나는 오전 일곱 시, 공영방송에서 진행자인 피어스 모건과 수재나 레이드 맞은편에 앉아 불만에 가득한 50세 시스젠더 백인 남성의 호통을 고스란히 받아내야 했다. 나는 내 입장을 굽히지 않고 그의 얼굴이 말 그대로 시뻘겋게 달아오를 때까지 내버려두었다. 그가 고함을 지르며 영국에는 인종주의가 존재하지 않는다고 부정하면 할수록, 내 주장을 증명해줄 뿐임을 알았기 때문이다. 내가 출연한 방송은 전 세계로 퍼져나가며 영국의 인종주의, 백인 우월주의, 그리고 영국과 미국에서 인종주의가 논의되는 방식에 대한 논쟁에 불을 붙였다. 흐름은 바뀌기 시작했다. 내 말에 담긴 맥락을 사람들도 이해하기 시작했다. 내가 소셜미디어에 그저 "남다른 불평"을 쏟아낸 것이 아니라, 우리가 살아가는 체계를 비판했으며, 그 결과로 질책당하고 있음을 이해했던 것이다.

이제 와 돌아보면, 대중의 반응에 그렇게 놀랄 일이 아니었다는 생각이 든다. 내 글은 직설적이고 분노에 차 있었지만, 그렇다고 거짓인 건 아니었다. 그 뒤로 모든 것이 빠른 속도로 변화했으나, 그 당시 나는 내가 쓴 글 때문에 차디차게 외면당했다. 불과 6년 전만 해도 모델들은 아무리 올바르다 할지라도 대세를 거스르거나 분열을 초래하는 말은 해서는 안 된다고 여겨졌다. 요즈음엔 사회의식을 갖는 것이 유행이다. 블랙라이브스매터 운동은 중요한 문화적 변화를 이루어냈고, 그전에는 미투#metoo 운동이 있었다. 진정성이 의미를 띠고, 브랜드들도 이런 공공의 변화를 따르게 되는 문화적 순간이 찾아왔다. 오늘날에는 지지 하디드와 벨라 하디드가 자신들의 목소리를 활용해 팔로어들에게 팔레스타인 전쟁에 관해 알리더라도 모델 일을 계속할 수 있다. 카라 델러빈은 커밍아웃 하고 LGBTQ 공동체를 대표하면서도 여전히 열심히 일하고 있다. 또, 나오미 캠벨은 과거보다 더 직설적으로 인종주의에 대해 목소리를 내지만 여전히 그녀를 찾는 사람이 많다.

로레알에서 해고된 경험과 그 뒤 이어진 사태가 결국은 업계 내, 브랜드와 모델 사이에서 변화를 이루는 데 일조했다는 기분이 든다. 나는 그 뒤에도 영국의 트랜스 혐오와 인종주의에 대해 목소리를 냈다. 스톤월, 영국 블랙프라이드, 머메이즈 같은 자선단체와도 함께 일했다. 2018년 영국판 〈코스모폴리탄〉은 나에게 올해의 디스럽터/체인지메이커 상을 주었다. 다음 해에는 유엔여성기구 영국지부의 체인지메이커로 임명되었고, 트랜

스젠더 권리를 알리는 데 기여한 공로로 브라이튼 대학교 명예
박사 학위를 받았으며, 영국 LGBT 어워즈에서 올해의 활동가
상을 받았다. 힘든 시기였고, 그 사이 몇 살이나 나이를 먹어버
린 기분이지만, 전혀 후회하지 않는다. 조금도.

　내 세대의 여러 흑인 영국인과 마찬가지로 내 경우에도 처
음 체계적 인종주의라는 개념을 인식한 계기는 1993년 스티븐
로런스 살인사건이었다. 당시 열여덟 살이던 스티븐은 런던 남
동부의 한 버스정류장에서 버스를 기다리고 있다가 인종주의
가 동기인 공격으로 살해당했다. 용의자 다섯 명이 체포되었지
만 기소되지는 않았고, 이후 윌리엄 맥퍼슨 경이 주도한 연구를
통해 살인 사건의 최초 수사 역시 경찰과 왕립경찰청 내의 인
종주의에 영향을 받았음이 밝혀졌다. 맥퍼슨은 스티븐이 살해
당한 것은 그가 흑인이기 때문이었고, 런던 경찰국 자체에 제도
화된 인종주의가 자리 잡고 있다는 결론을 내렸다. 스티븐 로런
스 살인 사건에 대한 기사는 피하고 싶다고 피할 수 있는 게 아
니었다. 어디서나, 모든 사람이 그 이야기를 했고, 모든 신문의
1면을 차지한 것은 물론 모든 채널의 모든 뉴스 프로그램에서
도 보도했으니까. 또, 이 사건에 대한 대화를 웸블리에 사는 내
흑인 친척들과 나눌 때와 내가 살던 에식스의 백인들과 나눌
때가 얼마나 달랐던지도 기억한다.

내가 열두 살이던 1999년, 내 주변 백인들은 맥퍼슨 보고서의 발간과 함께 제도화된 인종주의institutional racism라는 주제가 등장하자 반발심을 표출했다. 썩은 계란 몇 개를 보고 경찰 전체를 매도해서는 안 된다고, 경찰 모두를 도매금으로 보는 건 부당한 일이며 역효과를 낳는다고, 모든 경찰이 인종수의사는 아니며 인종주의라는 표현을 함부로 써서는 안 된다고 했던 것도 기억난다. 경찰은 우리를 안전하게 지켜주는 존재이니 지지해야 한다는 것이 이들의 공통된 생각이었다. 인종주의라는 단어가 등장하기만 하면 대화는 그대로 중단되고 말았다.

하지만 웸블리의 고모, 삼촌, 사촌 들과 나눈 대화는 무척 달랐다. 마치 이 사건이 우리 가족 중 한 사람에게 일어난 일인 것처럼, 가족 중 누군가에게 언제든 일어날 수 있는 일인 것처럼, 모두가 이 상황에 대해 생생한 긴박감을 느꼈다. 우리를 향한 폭력이 거리에 만연한 만큼 경찰 내에서도 만연하다는 걸 느낄 수 있었다. 우리는 경찰로부터 안전하지 못하며, 경찰이 자신들의 행동에 책임져야 한다는 것도. 그런 순간들 속에서 나는 내가 물려받은 이중의 인종적 유산을 점점 더 의식하게 되었고, 흑인과 백인은 무척이나 다른 존재로 살아간다는 사실을 알게 되었다. 여전히 내 자리가 어디인지, 내가 어디에 어울리는지, 아니면 이런 논의들 속에 내 자리가 애초에 있는지 알 수 없었지만 말이다.

여기서는 인종 이야기는 하지 말자.
이곳에선 인종 문제로 소란 떨지 말자.
인종 카드 꺼내지 마.
여기서 피해자 행세 하지 마.

십 대가 되면서 공부에 집중해야 했기에 웸블리에서 보내는 시간이 점점 줄었다. 그것은 흑인됨과 흑인들에 다가갈 기회가 완전히 사라졌다는 의미였다. 스마트폰도, 소셜미디어도, 학교에 다니는 다른 흑인 학생도 없었던 시절, 나는 우러러볼 역할 모델이나 흑인 또는 혼혈인이라는 것이 어떤 의미인지 설명해줄 그 누구라도 찾고 싶었다. 인종이라는 주제를 이해하는 데 있어, 내게는 자문할 이들도, 지지 네트워크도 없었다. 인종이 중요하다는 것은 알았지만 내 고향에서 인종 문제는 의제로 다루어지지 않았다. 그저 과거의 일로 간주할 뿐이었다. 그 시절 나는 상당히 심각한 괴롭힘을 당했는데, 주로 내 섹슈얼리티와 여성적인 행동 때문이었지만, 학교 학생들이나 일부 교사들로부터 인종주의적 미세 차별 역시 끊임없이 겪고 있었다.
그러나 인종과 인종주의에 관해 이야기하는 것은 심지어 실제 인종주의자이거나 인종주의적 시각을 가지는 것만큼이나, 어쩌면 그보다 더 나쁜 것으로 여겨졌다. 내 고향에서 인종주의란 KKK단 후드를 뒤집어쓴 채 몸에는 직접 새긴 스와스티카 문신을 하고 십자가를 불태우는 네오 나치 그리고 미국 남부의 레드넥에게만 쓰는 표현이었다. 인종주의가 그보다 더 미묘한 방식으로 표출될 수 있다는 인식은 존재하지 않았다. 인종주의가 체계적인 것이고 사회구조에 내재한 것일 수 있다는 것은 감히 생각지도 못할 일이었다. 인종주의란 함부로 쓸 수 있는 단어가 아니었으며, 그런 표현을 쓰는 사람은 마치 가해자라도 된 듯 반박당했다. 내 고향의 백인들 대부분에게 인종주의는 다른 사람들이 저지른 일이었다. 그럼에도 불구하고, 나는 끊임없이 인종주의를 경험했다.

"네 나라로 돌아가라"라거나 "여기가 싫으면 떠나"라는 말을 수없이 듣다 보면 고향에서조차 환영받지 못하는 손님이 된 기분이 든다. 같은 학교의 백인 학생들에게 자기 부모가 "흑인을 싫어하지만 넌 괜찮아"라든지 "난 흑인과는 사귀지 않지만, 난 널 흑인으로 보지 않아"라는 말을 수없이 듣다 보면 내가 흑인이라는 사실로부터 나 자신을 분리하게 된다. 환영받지 않는 기분을 느끼는 걸 넘어, 스스로도 그런 말을 믿고 또 받아들이게 된다.

이는 전부 내가 인종주의란 우연한 사건, 또는 사회에 남은 뜻밖의 불편한 얼룩이 아니라는 사실을 알기 전에 일어난 일들이다. 인종주의는 우리가 아는 사회가 근본적으로 내재하고 있는 의도적인 주변화의 체계다. 그러나 학교에서 배운 대로라면 인종주의는 선하고 평등한 사회구조 속의 안타까운 결함일 뿐이다. 다행히도 우리는 그것이 진실과 얼마나 먼지에 대한 대화를 더 많이 나눌 수 있는 사회로 전환하는 중이다.

진실이 얼마나 흐려질 수 있는지 한 예를 살펴보자. 19세기 전반, 두개학자 새뮤얼 모턴은 미국에서 가장 존경받는 과학자 중 한 명이자 미국 국립과학원 학회장 등 수많은 직책을 지닌 이였다. 모턴은 두개골 크기가 두뇌의 크기를 결정하며, 두뇌의 크기로 인간의 지능, 나아가 인간의 우수함을 측정할 수 있으므로 인간의 지성을 두개골 크기로 범주화할 수 있다는 이론을 내놓고 그것에 '골상학'이라는 이름을 붙였다. 모턴은 전 세계에서 900개가량의 인간 두개골을 수집했는데, 대부분 전사한 군인 또는 사형수의 시신에서 긁어모은 것이었다. 그는 이 두개골 안에 백후추 씨, 훗날의 연구에서는 납제 산탄을 채워 두개골의 용적을 측정했다. 모턴은 인류를 다섯 개 인종으로 나눌 수 있고, 각 인종은 별개로 창조되었다는 결론을 냈다. 그리고 의식적 또는 무의식적 편향의 가능성을 배제한 채로 코카서스인/백인이 다섯 개 인종 중 가장 지능이 높다는 연구 결과를 내놓았다. 두 번째는 동아시아인, 그다음이 동남아시아인, 아메리카 원주민 순서였고, 마지막이 아프리카인이었다.

모턴의 유사 과학적 방법론은 그 당시에 대단한 위상을 얻었으며 누구도 의문을 제기하지 않았는데, 그의 연구가 현 상태를 옹호했기 때문이다. 그의 연구는 백인 우월주의, 인종 분리, 인종에 기반을 둔 노예제, 그리고 흑인이 열등한 종족이라는 믿음에 고상한 정당성을 부여하고 그 믿음을 '과학적'으로 옹호했다. 누구나 상상할 수 있겠지만, 미국 남부에 있는 주들이 모턴을 특히나 좋아했다.

모턴의 연구는 체계적 인종주의와 특히 의료적 인종주의의 진화를 가능하게 한 위험한 사회적 구성 요소인 과학적 인종주의의 최초 예시 중 하나로 되짚어볼 수 있다. 그러나 백인을 우월하다 보는 사상도, 인간이라는 종이 여러 별개의 집합으로 존재한다는 개념도 모턴이 처음 시작한 것은 아니다.

'코카서스인'이라는 용어는 1780년 독일에서 처음 만들어졌다. 아직도 널리 쓰이는 이 용어는 과학적·종교적 인종주의와 결부된 이데올로기에서 태어났다. 독일의 인류학자 요한 프리드리히 블루멘바흐는 캅카스Caucasus 산맥에 다녀온 뒤 이 지역의 아름다움에 감명받아 소위 백인에게 이 이름을 붙이기로 결정했다. 실제로 캅카스 지대는 다양한 민족 집단의 고향인데도 말이다. 블루멘바흐는 백인이야말로 신과 가장 가까운 인종이라 믿었고, 나아가 그가 "'하느님의 근원적 피조물'이 육체적·도덕적으로 '타락한' 형태"라고 간주한 다른 네 가지 인종에도 이름을 붙였다. 코카서스인 이데올로기에 포함된 북아프리카인을 제외한 아프리카인은 '에티오피아인' 또는 '흑인'이었다. 아메리카 원주민은 '홍인'이었다. 코카서스인으로 간주되지 않는 아시아인은 두 가지 별개의 인종으로 나누었는데, 일본인과 중국인은 '몽골인' 또는 '황인', 태평양제도민과 오스트레일리아 토착민은 '말레이인' 또는 '갈인'이었다.

이런 인종 개념은 이미 한참 전에 과학적으로 거짓임이 밝혀졌음에도, 아직도 세계를 단단히 붙들고 있다. 백인이 우월한 인종이라는 이데올로기는 수백 년 전부터 사회의 밑바탕을 이루고 있어, 설사 오늘날에는 예전만큼 대놓고 표현할 수 없다 할지라도 여전히 서양 사회 대부분에서 일반화된 규범으로 작동한다.

체계적 인종주의는 인종에 바탕을 두고 의도적으로 이루어지는 집단 억압, 인구 억제, 권리 박탈, 그리고 부와 권력, 자원의 축적 행위가 지속되어 남겨진 유산이다. 이는 본질적으로 암암리에 진행되는 것으로, 사법 체계에서부터 의료, 경찰, 미의 기준, 일터, 고용, 교육 체계, 주거와 정치에 이르기까지 모든 것에 영향을 미친다. 나는 어린 시절 맬컴 X가 과도하게 급진적인 테러리스트라고 배웠다. 억압이 교묘하게 선별되고 계획된 것임을 처음 깨달은 것은 경찰의 역할을 다룬 유튜브 영상 속 맬컴 X의 모습을 보았을 때였다. 맬컴 X는 백인 사회의 눈에 그릇된 유형의 활동가였으므로 사회적 천민이 되었다. 비폭력주의를 설교하는 것이 전부였던 마틴 루서 킹의 유산을 중화한 형태만이 올바른 유형의 운동으로 여겨졌다. 내 정치학은 맬컴 X의 것과 맞닿는 편이다.

인종적 억압은 우리의 사회 체계에 내재화되어 종종 규범으로 받아들여진다. 그 용어는 1967년 미국의 민권운동가 크와메 투레, 그리고 정치학자 찰스 V. 해밀턴이 처음 만든 용어인 '제도화된 인종주의'에서 나온 것이다. 투레와 해밀턴은 자신들의 저서 『블랙 파워: 해방의 정치학*Black Power: The Politics of Liberation*』에서 주로 명시적으로 일어나는 개별화된 인종주의 사례와 주로 은밀하게 일어나며 백인으로서는 잘 알아차리기 어려운, 체계의 일부로서 존재하는 인종주의의 차이를 논한다. 투레와 해밀턴은 제도화된 인종주의는 "사회의 존중받는 기성 권력의 실행 속에 존재하고, 따라서 개별적 인종주의만큼 대중의 질타를 받지 않는다"고 쓴다. 체계적 인종주의는, 그것이 개별적 인종주의만큼 뚜렷이 눈에 띄게 작동하는 것은 아니라 할지라도 이 또한 마찬가지로, 어쩌면 더 위험하다.

흑인 역사의 달은 1987년, 영국 내 흑인 어린이들이 아프리카인이라는 자신의 뿌리와 단절된 모습을 본 가나 출신 아카바 아다이-세보의 주도로 처음 도입되었다. 내가 다니던 학교에서 흑인 역사의 달이란 창고에 있던 텔레비전을 끌고 나와 30~40분가량 영화 〈아미스타드 Amistad〉나 〈컬러 퍼플 The Color Purple〉을 보고, 영화에서 흑인, 니거 nigger 또는 니그로 negro 라는 대사가 나올 때마다 몸을 돌려 나를 쳐다보는 경험이었다. 그때마다 나는 최대한 멀리 도망치고 싶은 심정이었는데, 흑인 역사를 배우기 싫어서가 아니라, 흑인 역사의 달마다 주어지는 거짓 관심을 제외한다면 흑인으로서의 내가 살아가는 현재에 대해서는 그 어느 달에도 말할 수 없어서였다.

흑인 역사가 중요한 만큼, 우리는 오늘의 사회에서 흑인으로 살아가는 것이 무슨 의미이며 어떤 기분인지에 대해 말할 수 있어야만 한다. 그럴 방법은 흑인들의 집단적 체험에 사람들이 귀를 기울이는 것, 그저 의견이라며 간과되는 것이 아니라 사실로서 토론의 장에 오르는 것뿐이다. 체계적 인종주의가 인지의 문제에 불과하다는 생각을 넘어, 그것이 유색인을 겨냥하고 억압하기 위한 교묘한 행동들의 객관적 산물임을 이해해야 한다.

우리는 흑인 역사가 노예제와 함께 시작되었으며, 흑인의 기여는 이들이 백인의 상태에 근접할 때, 백인에 빗대거나 백인 체계 내에서 측정될 때만 언급할 가치가 있다는 지겹고도 부정확한 생각으로부터 벗어나 전환을 이루어야 한다. 내가 배운 흑인 역사는 순전히 시스젠더, 이성애자, 백인 남성의 렌즈를 통한 것이었다. 이는 나 같은 사람은 영국 역사에 존재하지 않고, 우리가 이룬 언급할 만한 성취는 단 하나도 없다는 메시지를 주면서 학생 신분을 벗어나는 순간 내가 이 나라에서 얻을 수 있는 이익은 아무 것도 없다는 사실을 확인시켜주었다.

이 밖에 포용적이지 못한 교육이 백인 학생들에게는 어떤 메시지를 주는가? 우리가 배우는 역사적 성취들이 오로지 백인의 얼굴로만 이루어져 있을 때, 백인 정체성이란 위대함과 동의어가 되고 이들의 무의식적 편견이 굳어질 바탕이 되어준다. 학창 시절 내가 아숨 왕국에 대해 배웠더라면 어땠을까? 로마 제국과 영국 제국에 대해 배운 만큼 말리 왕국과 베냉 왕국에 대해서도 배웠더라면 어땠을까? 아프리카가를 척박한 황무지라고만 생각하지 않을 수 있었더라면 좋았을 것이다. 식민주의로 쌓아올린 부가 원래의 나라에서는 어떤 모습이었는지 알 수 있었더라면 좋았을 것이다.

인종주의가 담긴 비하 표현으로 불린 것이 씨앗이 되어 학교에서 수도 없이 육체적, 언어적 싸움을 벌인 끝에 나는 두 번이나 정학당하고 퇴학 경고까지 받았다. 그렇게 나는 아카바가 말한, 내가 흑인이란 사실과 나 자신의 관계에 무감각한 그런 어린이가 되고 말았다. 백인이 되기를 원해서가 아니라, 그 어떤 동맹도 없이 맹목적으로 희망 없는 싸움을 이어가는 데 지쳐버린 탓이었다.

내 안에 여전히 엄청난 양의 내재화된 인종주의가 있고 종종 눈치 없고 무지한 말들로 그 사실을 드러내기는 했지만, 나는 대학에 다니며 인종을 향한 좀 더 비판적이고 분석적인 시각을 만들어나가기 시작했다. 친구들 몇몇이 다니던 서식스 대학교에서 ACAS(아프리카, 카리브해, 아시아 학회) 모임이 열려 참석했다. 내가 다니는 학교에는 다양성이 크지 않았기에 친구들을 따라 슬쩍 들어가 뒷자리에 앉았다. 참여자들이 자신의 경험을 나누는 걸 들으며, 내가 내 경험을 억눌러왔음을 깨달았다. 흑인 역사, 백인의 화이트워싱whitewashing*을 거친 마틴 루서 킹의 이미지 이외의 미국 민권운동에 대해서 아는 바가 거의 없다는 사실도 알게 되었다. 나는 맬컴 X의 말에 끌렸는데, 그때까지는 마땅한 이유도 없이 분열을 초래한 인물이라 믿고 있던 사람이

---

* 유색인에게 백인의 가치를 강요하는 행위.

었다. 나는 서서히 눈을 떴다. 어린 시절 경험한 인종주의가 내 의식 속에 얼마나 깊이 스며들어 있는지를 알게 되었다. 너무 깊이 스며든 나머지 진정한 나를 바라볼 수도 없을 정도였다.

내가 인종이 사회에 비판적으로 기능하는 방식을 바라보는 능력을 갖추게 된 결정적 계기는, 백인으로 이루어진 교육위원회가 백인 학생들을 위해 만든 교육과정이 아니라 흑인의 시각으로 미국 민권운동을 배우면서였다. 비판적 인종 이론을 읽고 정보를 찾아가며 나는 더 깊은 지식을 얻고 여러 실마리를 풀어갔다. 내 공부는 인종에서만 그치지 않았다. 근본 구조를 바라보기 시작하자 내가 발을 딛고 서 있던 지형이 뒤바뀌었다. 나는 내가 가진 페미니즘 개념이 자신들 스스로도 착취적이고 특권을 가진 여성들, 백인 남성처럼 행동하는 여성들을 위한 것임을 알았다. 내가 사용하는 언어를 성찰하고, 원치 않게 내 어휘 속으로 들어온 모욕적 용어들을 알아보기 시작했다. 내가 무엇에 끌리고 흥미를 지니는지는 물론, 내가 맺는 우정, 내가 보이는 반응, 내가 어디에서 소식을 듣고 어디에 돈을 쓰는지까지 검토하기 시작했다.

여러분의 삶에 존재할 전환의 순간에 반드시 도움이 될 중요한 조언을 하나 하자면, 정보가 다가오기를 기다리지 말고 정보를 향해 다가가라는 것이다. 무엇이 왜 존재하는지 질문하기를 바란다. 그래야 역사의 얼마나 많은 부분이 화이트워싱 되고, 물타기 되고, 서유럽의 승리 서사를 중심에 두고자 전유되었는 지를 알 수 있을 것이다. 만약 내가 이런 목적을 품고 LGBT 권리 운동에 대해 알아보았더라면 나는 1969년 스톤월 항쟁의 촉매가 된 흑인 트랜스 여성 마샤 P. 존슨, 라틴계 트랜스 여성 실비아 리베라, 그리고 부치 레즈비언인 스토메 델라베리에를 만났을 것이다. 스톤월 항쟁은 최초의 프라이드 행진으로 이어졌고, 그것이 동성애자 인권운동을 낳았으며, 나아가 LGBT 운동이 되었다. 그러나 나는 이 여성들을 만나지 못했는데, 영국 교육과정에서 배우는 역사가 대부분 그렇듯 나 역시 이 운동이 시스젠더 백인 남성들의 주도로 이루어졌으리라 짐작했기 때문이다.

2020년 5월 20일 경찰에 체포되는 동안 사망한 조지 플로이드 살인사건에 대한 반응으로 블랙라이브스매터 운동이 또 한 번 부활했을 때, 나는 소셜미디어에서 이 운동을 맥락화하고 그 이면의 역사적 요인들을 이야기하고 있는 스스로를 발견했다. 인종주의에 직접 영향을 받지 않았던 백인들도 비백인들의 인종주의 경험을 서서히 이해하고 퍼즐의 조각을 맞춰나가기 시작했다. 경영 방침을 본격적으로 바꾸고자 한 회사들도 있고, 그렇지 않더라도 겉으로나마 변화해야 한다는 압박을 느낀 회사들도 있었다. 둘 중 어느 쪽이건 점점 더 많은 기업들이 당장 해법을 찾지는 못하더라도 이 대화에 참여하길 바라기 시작했다. 그들은 기업이 결함투성이 세계의 축소판임을 인지하면서 무대 밖, 보이지 않는 곳에 있던 주변화된 지위의 사람들을 더 많이 고용하기 시작했다. 상위 100대 기업들은 물론 소셜미디어 회사, 패션 브랜드와 위원회들이 나에게 자문을 구해오기 시작했다. 다시금 내 자리를 찾게 된 것이다.

2020년 6월 2일, 체계적 인종주의에 저항하는 블랙아웃튜스데이라는 집단행동이 소셜미디어를 휩쓸었다. 블랙아웃튜스데이는 처음에는 살해당한 조지 플로이드, 아무드 아버리, 브레오나 테일러에 대한 연대를 보여주고자 음악계 내부에서 조직된 행동이다. 검은 사각형들이 소셜미디어를 뒤덮자 음악계와 관련 없는 유명인, 브랜드, 회사들도 이 검은 사각형을 공유하기 시작했다. 의도는 좋았으나 소셜미디어를 이용하는 여러 흑인 사용자들은 그저 소셜미디어에서 검은 사각형 이미지를 공유하는 것이 우리 사회 내 깊이 새겨진 체계적 인종주의에 맞서는 운동에서 어떤 효용과 필요성이 있는지를 물으며 우리에게 필요한 것은 변화에 대한 뚜렷한 헌신이라고 주장했다.

나에게 블랙아웃튜스데이 행동은 미국의 학교 내 총기사건이 일어날 때마다 뒤따르는 "희망과 기도를 보냅니다"라는 반응을 볼 때와 비슷한 느낌으로 다가왔다. 희망과 기도는 아무것도 변화시키지 못하고, 검은 사각형 이미지도 마찬가지다. 우리는 인종주의가 존재한다는 사실을 식별하는 시점에서 한참 지나왔다. 지금 필요한 건 비판적 책임 묻기, 그리고 개혁을 위한 확고한 헌신이다.

○ ○ ○

인스타그램의 스크롤을 내리다가 나는 로레알이 올린 그리드 포스트를 보았다. "목소리를 내는 건 언제나 가치 있습니다"라는 글과 함께 검은 사각형이 올라와 있었다. 그 글을 읽다가 나는 하마터면 의자에서 떨어질 뻔했다. 지금은 모두가 소셜미디어에서 하고 있는 그 말을 했다고 로레알로부터 계약 해지를 당하고 그로 인해 내가 얼마나 공공연한 소동과 모욕을 겪었는데, 지금 우리 상황을 보라지. 만약 로레알 측이 이런 글을 올리기 전 내게 연락을 취해 나를 해고하고 곤란을 겪게 한 일에 대해 사과했더라면 이해했을 텐데, 그 점이 상처가 됐다. 로레알의 행위는 총체적으로 수행적인 것처럼 느껴졌다. 마치 내가 투명 인간이라도 되는 듯, 그들이 인종주의에 맞서지 않은 대가로 내가 치러야 했던 일들이 자신들과는 아무 상관도 없다는 것처럼. 나는 이렇게 반응했다.

이 글을 쓰기 전 로레알이 공식적인 사과를 표명할 수 있도록 48시간의 여유를 주고자 했습니다. 그러나 그들은 저를 무시하고, 2017년 백인 우월주의와 인종주의에 관한 발언으로 해고를 당한 뒤 그로 인해 제가 겪은 정서적, 정신적, 직업적 위해를 인정하지 않겠다는 선택을 했습니다. 그리고 이 선택은 많은 것을 시사합니다.

과거 전 세계 흑인들이 백인 우월주의로 인해 마주해야 하는 문제들에 대해 대화하길 거부했던 명백한 역사가 있음에도, 로레알 측이 흑인 공동체를 지지한다 주장하며 올린 두 개의 포스팅에 우려의 댓글을 남긴 수천 명의 흑인 공동체 구성원과 앨라이ally*들에게 응답하지 않기로 한 선택 역시 마찬가지입니다.

블랙라이브스매터는 사람들을 위한, 사람들에 의한 운동입니다. 백인 우월주의, 경찰의 잔혹 행위, 식민주의와 체계적 인종주의에 관한 곤혹스러운 대화에 실제 참여할 의도가 없는 기업들이 자본을 얻고자 영합할 수 있는 운동이 아닙니다. 스스로를 개선하거나 과거의 실수, 또는 의도적 인종 편향을 책임지기 위한 작업을 수행

• 소수자 집단의 권리를 옹호하고 지지하는 사람. 이 소수자 집단의 일원일 수도 있고 아닐 수도 있다.

할 의지가 없는 로레알 같은 브랜드들에 의해 이 운동이 기업 트렌드로 환원되어서는 안 됩니다. 제가 시스젠더 이성애자 백인 여성이었다면 같은 말을 했더라도 해고당하지 않았을 것입니다. 그런 일은 일어나지 않았을 것입니다. 블랙라이브스매터를 지지하고 싶다면 우선 기업부터 제대로 행동하세요.

이번 일은 로레알이 지난 일을 만회하는 순간, 과거의 실수에 보상하고 모범을 보일 기회가 될 수도 있었을 것입니다. 누구나 잘못하고 실수하지만, 그다음 행보가 당신이 누구인가를 보여줍니다. 로레알은 흑인 공동체를 지지한다고 주장하면서 이 이슈와 관련해 공동체 활동에 참여하지도, 흑인 여성 퀴어 트랜스젠더 고용인이 회사로부터 받은 위해에 대해 사과하지도 않고 있습니다. 이는 로레알이 어떤 회사인지를 보여줍니다. 즉, 구독자를 늘리고 공적 이미지를 개선함으로써 주변화된 이들의 운동으로부터 금전적 이득을 보려는 또 하나의 대기업 말입니다. 브랜드라면 당연히 회사의 지난 실적을 아시겠죠. 흑인의 목소리를 침묵시킨 역사를 보여주는 영수증이 있는 이상, 우리를 지지한다는 주장은 받아들일 수 없습니다.

백인일 때에만 목소리를 내는 것이 '가치 있다' 여겨서는 안 됩니다. 흑인의 목소리는 중요합니다.

내 포스팅이 전파되며 소셜미디어 사용자들은 로레알에게 실수를 인정하라 압박했다. 인종주의에 반대하는 목소리를 내서가 아니라, 인종주의에 반대하는 목소리가 그들에게 상업적인 이익이 없었기 때문에 나를 해고한 것을 인정하라는 움직임이었다. 내가 원하는 것은 그저 그들이 내게 사과하고, 잘못을 인정하는 것뿐이었다.

어떤 연락도, 입장 표명 없이 일주일이 지났고, 내 친구인 배우 자밀라 자밀이 안부 연락을 해왔다. 그 즈음에 나는 가스라이팅을 당한 수준으로 침체되어 있었다. 로레알의 포스팅은 물론 내가 목소리를 낸 것을 철저히 무시하는 사태 속에서 2017년에 느꼈던 상처와 슬픔이 고스란히 살아났던 것이다. 며칠 뒤, 자밀라는 자신이 로레알에 연락해 이 사태에 대한 자신의 생각을 알렸으며, 양자 간의 화해를 돕는 역할을 하고 있다고 연락해왔다. 이 시점에 나는 로레알과 화해하고 싶은 생각이 전혀 없었다. 나는 화가 나 있었고, 대답을, 사과를 원했다.

블랙아웃튜스데이에서 2주가 흐른 뒤, 자밀라는 자신이 로레알과 대화했는데 회사 측에서 로레알 사장 델핀 비귀에르호바세와 줌 회의를 마련할 테니 끝이 없는 것 같은 이 대하 서사를 마무리할 의사가 있느냐고 내게 물었다. 처음에는 걱정이 됐다. 사과를 받고 싶었지만 로레알 측과 만나고 싶은지는 확신할 수 없었다. 뭐라고 말해야 할지, 무슨 말로 이야기를 시작해야 할지도 알 수 없었다. 그날 종일 생각한 끝에, 나는 이 제안을 받아들이기로 했다.

미팅은 약간의 긴장 속에서 이루어졌지만 그럼에도 생산적이었다. 우리는 세 시간이 넘도록 2017년과 그 이후에 일어난 사건들에 대해, 신임 사장이 취임한 로레알이 앞으로 나아가기 위해 모색하고 있는 변화에 대해 긴 이야기를 나누었다. 나는 공개 해고가 내 개인적인 삶과 직업적인 삶 양쪽에 극도로 해로운 영향을 미쳤다고, 또 그들의 브랜드 영향력을 고려했을 때 그보다 나은 결정을 내릴 수 있었을 것이라고 직설적으로 말했다. 회의는 실수를 공식적으로 인정하며 끝났고, 로레알 측은 내게 회사로 다시 돌아와 로레알의 다양성, 평등, 포용성 위원회에 들어와 달라 부탁했다. 나는 그 제안을 받아들였다. 개인으로서의 나는 상처를 받았지만, 활동가로서는 내가 하는 말을 업계 내에서 실천하고 변화를 만들어낼 기회였다. 한때 회사가 저지른 잘못에 큰 피해를 입은 개인의 관점에서, 이 회사에 조언하는 것보다 더 나은 기회가 있을까? 위원회에 임명된 뒤, 나는 영국판 〈보그〉 편집장 에드워드 에닌풀로부터 〈애티튜드〉 매거진이 주최하는 '올해의 영웅상'을 수상했다. 〈글래머〉는 나를 '올해의 여성'으로 뽑았다. 〈타임〉, 〈틴보그〉의 표지를 장식

인 종

하며 패션계에서 진보의 중요성에 대해 말하고, 변화는 립서비스가 아니라 오로지 행동과 결단으로만 가능하다는 걸 이야기하기도 했다.

○ ○ ○

아무도 여러분의 이야기를 하지 않는다면, 여러분 스스로 그 이야기들을 찾아나서야 한다고 강조하고 싶다. 어딘가 존재하는 그 이야기를 찾는다면 여러분의 고립감이 훨씬 줄어들 거라 약속할 수 있다. 여러분이 처음부터 쭉 어딘가에 소속되어 있었음을, 애초부터 외부인이 아니었음을 깨달으면 더는 도망치지 않아도 된다. 우리의 인종주의 경험은 보편적인 것이기에, 때로 좀 더 부지런해지고 집중하는 것만으로도 드러낼 수 있다. 지식은 우리가 고립에서 빠져나와 공동체로 전환할 수 있게 해준다. 지식은 왜 어떤 일이 이런 식으로 일어나는지에 대한 맥락을 파악하고 진정한 변화를 불러오게 해준다.

인종 트라우마를 치유하기 위해서는 과거를 해소하고 과거와 화해한 뒤, 그것이 바꾸어버린 현실을 해결할 수 있는 치유의 틀을 개발해야 한다는 사실은 널리 알려져 있다. 우리 스스로에게 자긍심을 갖고, 나아가 가치를 부여하기 위해서도 같은 과정이 필요하다. 이는 우리가 어디서 왔으며 어떤 일을 겪었는지를 고민하고, 더 넓은 사회를 향해 우리의 경험이 되풀이하지 않도록 교육함으로써 지속 가능한 방식으로 집단적으로 사회적 트라우마를 치유할 수 있는 기회다. 나이와 상관없이 우리 모두의 목표는 우리가 누구이고 무엇인가에 따라 갖게 되는 수치심을 버리는 것이다. 우리를 형성했던 청소년기 동안 여러모로 우리가 갖도록 배웠던 수치심이다. 불편을 유발하는 것이 두려워 질문하지 않았기에, 세대를 거듭하며 전해져온 수치심이다. 하나의 사회로서 다 함께 수치심에서 벗어나 그것을 자긍심으로 전환하는 것이 우리 모두의 목표다.

목 적

지금의 위치에서 이렇게 말하고 믿을 수 있는 내 능력은 눈덩이처럼 서서히 불어났다. 말할 기회가 생기자마자 솔직함이 별안간 솟아난 것이 아니다. 이 눈덩이는 어린 시절부터 비탈을 굴러 내려오기 시작해 내가 유명인이 되었을 때는 커다랗게 불어나 있었다. 로레알에서 해고된 뒤 겪어야 했던 일들은 힘들었지만 나는 내 가치에, 진실과 용감함에 바탕을 두고 내 삶을 만들어가기를 택했다. 남들이 바라는 내 모습이 아닌, 나 자신으로 살아가기로 했다. 로레알에서 해고되며 수많은 어려움과 모욕을 겪었지만, 적어도 내 입장을 돌아보며 번복하는 고통은 겪지 않을 수 있었다. 궁극적으로 내가 누구인지 말하는 것이 보답이 되어 돌아왔다. 나는 다행히도 타인이 통제할 수도, 나아가 제한할 수도 없는 진정성을 통해 성공할 수 있었다. 내가 순응했더라도 금전적으로는 마찬가지 성공을 할 수 있었을 테지만 그랬더라면 나는 더이상 내가 아니었을 것이다.

이십 대 초반, 처음으로 행동주의에 관심을 가졌을 무렵 내 접근은 솔직히 말하자면 상당히 독선적이었다. 내가 잘났다고 생각해서가 아니라 좌절감이 너무나도 깊어서였다. 너무나 오랫동안 나는 내가 느끼는 감정에 이름을 붙일 수도, 내 과거와 현재 경험에 더 폭넓은 맥락을 찾아낼 수도 없었다. 처음 갖는 통찰력과 관점이 긴급하게 느껴진 나머지 남들에게도 내가 아는 것, 내가 보는 것, 내가 느끼는 것을 알리고 싶었다. 그러나 억압적 사회 체계의 작동 방식과 우리 모두가 그 속에서 수행하는 역할을 이해하기까지의 내 여정이 그랬듯, 다른 사람들도 타인의 의지로 이를 억지로 이해할 수 없다. 우리의 존재론적 관점을 실제 논의에 올리기 위해서는 우리 모두 자기반성이라는 전환적 여정에 올라야 한다.

인간인 우리 모두의 정체성 내에는 다른 누군가를 억압하거나 권리를 박탈할 잠재력을 가진 부분이 있고, 사회 변화를 이루는 데 이 점이 장애물이 될 수 있다. 더 큰 사회적 특권을 지니고 있을수록, 우리 정체성 안에서 그것이 담당하는 역할이 커져 타인과 소통하고 세계를 헤쳐나가는 방식이 규범화될 가능성이 높다. 우리 중 대부분, 특히 서양 세계에 살아가는 사람은 어떤 형태로든 특권을 지니고 있으며 그것이 계급이든, 인종이든, 젠더 정체성이든, 섹슈얼리티든, 신체 능력이나 접근성이든, 이를 인정하고 분석한다면 사회 변화를 끌어내는 데 쓰일 수도 있다. 우리는 우리가 세계를 헤쳐나가는 데 쓰는 특권과 그 특권이 타인에게 해를 미치거나 해악이 지속되도록 허용할 수 있는 잠재성을 기꺼이 인정해야 서로의 진정한 앨라이가 될 수 있다.

◦ ◦ ◦

초기에 내 행동주의는 해소되지 않은 트라우마를 소리 높여 치유하고 싶은 마음의 발현이었다. 나는 이 트라우마와 좌절을 사람들이 보고 들을 수 있는 구체적인 것으로 만들어 타인에게도 같은 일이 일어나지 않을 수 있도록 공감, 맥락, 이해를 이끌어내고 싶었다. 그 시절 나는 가까스로 발이 닿는 물속에서 고개만 내민 채로, 불의를 소리쳐 외치는 것만으로도 사람들이 뛰어들어 나를 비롯해 이런 기분을 느끼거나 이런 일을 겪는 모두를 구해줄 줄만 알았다. 그러나 문제가 있다고 소리치는 건 퍼즐의 한 조각에 불과하다. 해법에 초점을 맞추지 않는다면,

전략과 동원이 없다면, 우리의 외침은 배경의 소음이 되어 묻혀 버린다. 사람들은 외침에 무감각해지고, 정상성은 우리의 고통을 배경음 삼아 새로운 형태를 취한다.

교차성 페미니즘, 그리고 킴벌리 윌리엄스 크렌쇼 교수의 작업을 알기 전까지 흑인 트랜스 여성인 나는 페미니즘 공동체에 이입할 수 없었다. 페미니즘이 중요하며 나도 페미니즘의 일부임을 알았지만, 그들은 내 개인적 서사도, 내가 직접적으로 소속된 공동체들의 욕구도 포용하지 않았다. 나는 내가 속해서는 안 되는 공간을 점유하는 것 같은 기분이 들었고, 페미니스트들이 말하는 해방에 내 자리도 있는 것인지, 출생 시의 지정 성별이 남성이던 여성인 나의 투쟁을 인정하는지 확신할 수 없었다.

내가 성장하며 알았던 유명한 페미니스트의 목소리는 주로 시스젠더 백인 여성의 경험을 알리는 것으로, 타고난 권리에 초점을 맞췄다. 그것도 당연히 중요하지만, 흑인 페미니스트와 트랜스젠더 페미니스트의 목소리들이 가시화되지 않았기에 나는 페미니즘 운동이 나를 위한 것이 아니며 따라서 내 자리도 없다 여겼다. 포용성을 우선시하는, 여성의 삶이 단일한 신체적 경험으로 이야기되지 않는, 가부장제 사회를 헤쳐나가는 여성들로서 우리 체험의 차이를 인정하고, 나아가 해방과 사회 개혁이라는 포용적인 견지에서 그러한 차이들을 비평하는 관점들을 찾기 위해서는 더욱 노력이 필요했다.

　마야 안젤루, 벨 훅스, 앤절라 데이비스의 작업이 종이 위에 적힌 글을 넘어 내 평생을 사로잡은 의문들과 감정들을 탐구하는 데 바람직한 안내서가 되어준 건 내가 이십 대 중반일 때였다. 차이를 부차적인 생각이 아니라 우선하는 것으로 인정하고, 비평하고, 소통하는 흑인 페미니스트 사상을 발견한 뒤 비로소 나는 내가 페미니즘 운동 안에 포용되는 중요한 존재라는 느낌이 들었다. 자매애를 곁다리로 경험하며 자동인형처럼 사는 삶에서 깨어나, 마침내 내 경험이 중요하고 유효하며 이해받을 수 있을 뿐 아니라, 내 감정 역시도 전 세계 사람들과 나누고 연결할 수 있다는 증거를 목격한 것 같았다. 마야, 벨, 앤절라의 책을 읽으면서 나는 페미니즘을 폭넓게 이해하는 시스젠더 여성들을 만나고 또 그들과 연결될 수 있었다. 더는 여성 전용 공간에서 외부인이 된 기분이나 내가 트랜스젠더인 걸 변명해야 할 것 같은 기분이 들지 않았다. 페미니즘의 두 번째 물결을 전반적으로 불편하게 여겼던 내 경험을 다른 여러 시스젠더 동료들도 공유하고 있다는 걸 알게 되었을 때, 서로의 투쟁을 인정하는 것을 넘어 그들과 자매로서 하나가 되어 진보라는 공통의 비전을 향해 나아가는 여정에 오른 기분이었다.

　2014년, 나는 행동주의를 오프라인으로 확장시키기로 마음

먹고 패널 토크, 안전한 공간과 모임에 더 많이 나가기 시작했다. 온라인에서 관계를 맺은 사람들과 직접 연결되고 또 새로운 사람들을 만나자니 인정받는 기분이었다. 사람들 앞에서 말하는 건 겁이 났고, 어떤 때는 생각의 갈피를 놓치고 무슨 질문을 받았는지 잊어버리거나 말이 제대로 나오지 않아 식은땀을 흘리기도 했다. 처음에는 패널 토크나 연설을 마칠 때마다 포기하고 싶었다. 내가 말보다는 글이 편한 사람이 아닐까 싶었고, 내 능력을 뛰어넘는 일 같다는 생각도 들었다. 하지만 나는 그만두지 않았다. 불안을 극복하고 내 생각과 주장의 구조를 보여주는 방식을 더 구체화하기로 마음먹었다. 이런 노력들은 내게 자신감을 심어주었다. 내가 하는 말을 스스로 맹신해서도, 누군가의 입을 통해 들었기 때문도 아니었다. 여러 관점을 고려해 주제를 폭넓게 연구하고 반대 입장의 비판을 경청한 뒤, 자신만의 결론을 내렸다는 확신에서 오는 자신감이었다.

가장 좋았던 건 내가 공동체에 연결되어 그 공동체에서 힘을 끌어오고, 마찬가지로 자신만의 목소리를 찾고 있는 다른 사람들에게 힘과 관점을 줄 수 있다는 점이었다. 이런 곳을 조금 더 일찍 발견하길 바랐었다. 종종 파괴적인 행동을 낳았던 내 도피적 경향 중 대다수는 나의 참여나 타인으로부터의 인정이 오로지 조건부로만 이뤄질 수 있었던 환경에서 기인한 것이라 생각했기 때문이다. 새로운 공간에서는 숨기거나 화이트워싱 하거나 말해서는 안 된다고 들어왔던 내 어떤 부분들이 인정받을 수 있었다. 이곳에서는 도피하거나 무감각한 채로 남는 게 아니라 자리를 지키며 치유할 수 있었다.

그해 말, 나는 2011년 마담조조스에서 일하면서 만난 친구 나딘을 통해 픽시팰리스^Pxssy Palace라는 페미니스트 집단에 합류하게 됐다. 나딘과 나는 마담조조스 이후로 만난 적 없었지만 내가 소셜미디어에 올린 정치적 포스팅을 본 나딘이 내게 〈래디컬 블랙 & 브라운 하티스^Radical Black & Brown Hotties〉라는 페이스북 비공개 그룹에 관심이 있는지 물었다. 이 페이스북 그룹은 비슷한 생각을 지닌 유색인 퀴어들이 비판적 인종 이론과 우리의 경험에 대한 자원과 관점을 나누고 트롤에게 시달릴 위험 없이 서로와 연결될 수 있는 공간이었다. 그룹 구성원들과 좀 더 알아가게 되자, 이들은 내게 여성, 퀴어, 인터섹스, 트랜스젠더 또는 논바이너리인 흑인, 아메리카 원주민, 그리고 유색인이 시스젠더 남성의 시선에 구애받지 않고 밤 문화를 즐길 수 있는 안전한 장소로 클럽 나이트 행사를 기획 중이라는 계획을 알려주었다. 이 행사는 인종주의, 보디 셰이밍^body shaming•, 동성

• 타인의 체격이나 생김새 등 신체적 요소를 이유로 수치심을 주거나 비판하는 행위.

애 혐오, 비장애 중심주의, 계급주의에 있어서는 엄격한 무관용 정책을 적용했다. 클럽에서 일하면서 하고 싶은 말을 참거나 코드 스위칭˙과 자기 검열을 한 경험이 있었던 나는 함께하지 않겠느냐는 제안을 덥석 받아들였다.

픽시팰리스는 단순한 클럽 나이트 행사가 아니었다. 내가 산절히 필요로 했던 자매애로 향하는 문이었다. 처음에 우리는 나딘, 스카이, 케샹, 소피, 베미, 알렉사, 그리고 나까지 일곱 명이었다. 나는 처음으로 나를 동등한 사람으로 바라보고, 트랜스여성으로서 내 경험을 소리 내 지지할 뿐 아니라 이 경험에 관해 잘 알고 있는 시스젠더 여성과 펨으로 이루어진 무리에 속하게 되었다. 이런 에너지, 여성들 사이의 플라토닉한 친밀성을 내가 얼마나 필요로 했는지를 깨달았다. 그들과 함께한 시간은 내가 이제껏 받아본 인정이나 관용을 훌쩍 뛰어넘는, 진정한 연결, 수용, 그리고 상호 존중의 경험이었다.

픽시팰리스에 합류하기 전부터 나는 미디어에 이름을 알리기 시작했다. 이브닝스탠더드 두 면에 걸친 인터뷰를 한 뒤, CNN을 통해 전 세계에 방영된 짧은 다큐멘터리에 출연했고, 〈마리

˙ 인종적 소수자, 특히 흑인이 비흑인 집단에 속할 때 소수자에 대한 편견 또는 스테레오타입에서 벗어나 집단에 소속되기 위해 평소의 행동양식에서 벗어나 지배적 집단의 행동이나 태도를 모방하는 행위.

클레르〉에 실리기도 했다. 유니클로 캠페인에 참여하며 내 커리어도 빠른 속도로 상승하고 있었다. 그러면서 나는 안전지대를 떠나 가디언, 허핑턴포스트 같은 주류 매체를 통해 더 많은 청중에게 이야기해달라는 요청을 받아들였다. 여자 친구들의 응원이 있었기에 이런 일이 덜 힘들게 느껴졌다. 이제는 혼자라는 기분이 덜 들었다. 마침내 나를 지지하고 내게 희망을 주는 여성들, 내가 틀렸을 땐 책임을 지게 하고, 내가 자신감 넘치고 당당한 최선의 모습으로 내 온 존재를 내보일 수 있도록 응원하는 여성들과 우정을 맺게 됐다. 공동체, 그리고 픽시팰리스와 맺은 유대가 없었더라면 그 이후 몇 년이라는 시간을 버티기가 더 힘들었을 것이다.

○ ○ ○

2017년과 2018년, 로레알 해고 사태의 여파를 겪은 뒤 모든 것이 달라졌다. 이제 나는 전 세계 신문과 잡지 표지에 등장했고 뉴스피드를 장식했으며, 전혀 모르는 사람들이 소셜미디어에서 내 이야기를 했다. 길에서 사람들이 나를 알아보았고, 뉴스에서는 나에 관한 토론을 벌였다. 눈 깜짝할 사이 내 삶이 완전히 변하고 말았다. 어느 순간 나는 의견 대립과 분열을 초래하는 존재 또는 판을 바꾸는 진보적인 존재가 되어 있었다. 내 유명세는 극에 달했지만, 기업들 눈에는 함께 일하기에 너무 논쟁적인 인물이 되어버려 돈을 받고 일을 할 기회는 대부분 사라지고 말았다. 오늘처럼 주류 브랜드가 LGBTQ 권리나 인종주의같이 '정치적으로 논란을 불러오는' 주제에 대해 자신감 있게 기꺼이 의견을 드러내고, 더 나아가 (비록 수익금은 여전히 기업에 돌아가지만) 연대의 상징으로 제품에 무지개 깃발을 붙이기 시작하기 이전이었다. 또, 내가 곤경에 처한 사건에서 알 수 있듯, 인종주의는 절대로 언급해서는 안 되는 영역 취급을 받던 시기였다.

그 뒤 억압의 징후들에 대한 대화가 주류 미디어로 넘어왔지만, 소셜미디어에서 나누는 이야기는 한계가 있다. 대화의 장을 소셜미디어로부터 현실로 옮겨야 한다는 생각이 점점 더 커진다. 자주 논의되는 소셜미디어에는 단점들이 있다. 군중심리가 발생하기 쉽고, 잘못된 정보가 쉽게 퍼지고, 현실에서처럼 우리와 다른 관점을 지닌 사람들과 대화하는 대신 각자의 비눗방울에 들어간 채 부족을 이루게 된다는 것이다. 사람들은 소셜미디어를 이용하는 시간 중 엄청나게 많은 시간을 과거에는 한 번도 공격당해 본 경험이 없는 사람들을 비판하는 일에 쓴다. 나는 '캔슬 컬처cancel culture' 또는 콜아웃 컬처call-out culture•와 집단

저격 같은 행동들이 때로는 어떤 일에 관심을 끌기 위해 꼭 필요하다고 생각한다. 그러나 그것만으로 변화를 불러올 수는 없다. 소셜미디어 회사는 체계적 억압을 전복하고자 만들어진 것이 아니기에, 플랫폼의 기능 자체가 기존 체계를 유지하는 역할을 한다. 게다가 억만장자들이 자신들에게 이익이 되는 권력 구조를 전복할 도구를 우리에게 건네줄 리 없지 않은가? 마크 저커버그, 일론 머스크, 바이트댄스ByteDance**가 우리를 해방시켜 줄 리는 없다. 소셜미디어 회사의 알고리즘 기능 자체가 주변화된 사람들을 위해 만들어지지 않았다는 건 이 알고리즘이 주변적 경험을 지닌 사람에 의해 코딩되지 않았다는 사실만으로도 알 수 있다.

2020년 다큐멘터리 〈알고리즘의 편견Coded Bias〉에 등장하는 조이 부올람위니는 안면 인식 소프트웨어, 알고리즘, 머신 러닝에 편견이 강력히 내재해 있음을 탐구했다. 그녀는 IT 업계에 인종주의, 부정확성, 의도치 않은 영향에 대한 규제가 거의 존재하지 않는다고 강조했다. 부올람위니가 이 문제에 관심을 가

- 유명인 또는 회사의 행동 또는 의견에 반대하는 의사를 소셜 네트워크를 통해 밝히고, 이들에 대한 지지를 철회하는 행동. 특히 소수자 집단에 대한 공격적이거나 무지한 발언에 저항하는 의도로 시작되었다.
- •• 틱톡을 만든 회사.

지게 된 계기는 그녀가 연구를 위해 사용하던 안면 인식 프로그램이 흑인 여성인 그녀의 얼굴을 인식하지 못한 일이었다. 하지만 얼굴에 흰 가면을 쓰자 프로그램은 즉각 그녀의 얼굴을 인식했다.

이후 조이는 사용자가 백인 남성일 때는 99퍼센트의 인식률을 자랑하지만, 사용자가 어두운색 피부를 가진 여성일 때는 식별 오류를 일으킬 가능성이 35퍼센트 더 높은 안면 인식 소프트웨어를 발견했다. 뉴욕타임스에 실린 스티브 로어의 글에 따르면, "현대 인공지능은 데이터가 지배한다. 인공지능 소프트웨어는 이 소프트웨어를 훈련하는 데 쓰이는 데이터 이상으로 똑똑해질 수 없다. 시스템 속에 흑인 여성보다 백인 남성들이 많다면, 인공지능이 흑인 여성을 식별하는 능력이 더 떨어질 것이다." 와이어드는 머신 러닝 분야 주요 연구원 중 여성은 12퍼센트에 불과하며, 메타 소속 여성 인공지능 연구원은 15퍼센트, 구글 소속 여성 인공지능 연구원은 10퍼센트에 지나지 않는다고 보도했다.

오늘날 우리 일상에 영향을 미치는 알고리즘을 코딩하는 사람들의 절대 다수가 백인 남성이기에, 알고리즘 역시 이 남성들이 세상을 보는 방식을 우선적으로 반영하고 유지한다. 특정 사용자들이 자신의 피드에서 보는 것 역시 알고리즘의 영향을 받고, 제한된 콘텐츠로 표시되는 내용 역시 알고리즘의 영향을 받는다. 알고리즘은 온라인에서 우리에게 무엇이 제시되는지를 결정하고 우리가 타인에게 무엇을 제시하는지를 결정하는 과정에서도 크나큰 역할을 한다. 우리는 실리콘밸리 의존과 중독으로부터 벗어나 전환해나가야 한다. 특히, 지속되는 진짜 변화를 이루고 싶다면 말이다. 우리 모두가 유리로 된 집 안에 있다면 그 누구도 이 집을 부술 수 없다. 가상 세계는 고작해야 우리의 도구에 지나지 않으며, 행동주의의 매체나 대의를 위한 협력자로 언제까지나 의지할 수는 없다. 그렇다고 다 함께 이런 앱들을 지우고 스마트폰 이전의 세상으로 탈주하자는 말은 아니다. 적어도 우리는 우리 중 다수가 중독되고, 또 직업적으로 의존하는 플랫폼이 프로그래밍 단계에서부터 세계를 바라보는 불평등한 시각 위에 만들어졌으며 가부장적 백인 시스젠더의 사고방식 쪽으로 심각하게 기울어져 있음을 알 필요가 있다.

○ ○ ○

나는 행동주의를 바라보는 최선의 시각이 그것을 제각각의 기능을 수행하며 상호작용해 효과적이고 효율적으로 일을 해내는 여러 부품으로 이루어진 기계로 여기는 것이라고 생각한다.

활동가 조직에는 조직자뿐 아니라 회계, 대외 연설가, 작가, 기금 모금자, 연구자, 앨라이, 홍보대사, 예술가와 변호사가 필요하다. 행동주의에는 너무나 다양한 면들이 존재한다. 공통의 명분을 위한 싸움을 위해 개인이 가진 전문성을 이용하고 자신에게 있는 것을 내주는 사람들에게 크게 의지한다. 행동주의는 사람들을 깨우고 테이블을 흔드는 일이다. 타인에게 힘을 불어넣고, 문제를 식별하고, 새로운 각도에서 다가갈 수 있도록 사람들에게 힘을 불어넣는 일이다.

사회 구성원으로서 우리는 권력과 특권이라는 뿌리 깊은 체계에 의문을 제기하는 작은 목소리를 중시하는 사람으로, 적어도 이런 목소리에 귀를 기울일 줄 아는 열린 마음을 가진 사람들로 전환해야 한다. 예를 들어, 처음에 우리 중 대다수는 경찰 예산을 삭감하라는 주장*에 대해 불편해하거나 당혹스러워했다. 사회가 늘 알던 방식과 다르게 기능하는 모습을 상상하기는 어렵다. 우리는 런던 경찰국 소속 경찰관 웨인 쿠진스의 손에 살해된 세라 에버라드의 소식에 공포에 질렸고, 또 미국의 활동가들이 사용한 이 아이디어를 이미 알고 있었음에도, 여전히 경

* 미국의 블랙라이브스 운동과 함께 시작된 'Defund the Police'는 경찰 폭력에 반대하는 구호이자 이에 따르는 일련의 행동으로, 경찰 예산을 삭감하여 그 대신 사회복지와 교육 등 다른 부문의 예산을 확충하라는 메시지를 담았다.

찰 예산 삭감은 많은 이들에게 지나치게 급진적으로 다가왔다. 그러니까, 그건 무정부상태를 불러오자는 거 아닌가?

아니, 절대 그렇지 않다. 경찰 예산 삭감이라는 생각 앞에서 몸서리를 치는 사람 중 대다수는 치안 유지 활동이 어떤 지원을 받고 어떻게 조직되는지 잘 몰라서 그러는 것이다. 오늘날 경찰력은 진보적이고 다양성을 띤 사회를 위해 만들어진 것이 아니다. 경찰의 토대는 경찰이 특정한 신체들을 보호하고 다른 신체들은 처벌하기 위해 존재했던 시절 만들어진 것이다. 다시 말하지만, 이번에도 썩은 계란 몇 개만이 문제가 아니다. 인종주의, 동성애 혐오, 비장애 중심주의, 성차별주의는 경찰에 깊숙이 내재돼 있다. 아마 상상조차 못 할 일이 일어나 주류의 관심을 다시 사로잡는다면, 그때 우리가 나누게 될 다음 대화는 이것일 것이다. 그러나 이 대화를 하려면 먼저 최소한 우리가 우리 자신의 믿음에 편안하게 맞서고, 최소한 그게 가능해질 정도로 성장해야 한다. 이런 개념들에 진정으로 참여하려면 우리는 우리가 느끼는 불편한 감정을 스스로 드러내고, 소셜미디어를 통해 조각조각 전해 듣는 정보가 아니라, 직접 정보를 찾아다니는 노력을 해야 한다. 우리는 새로운 세상이 가질 수 있는 가능성이 환상에 불가하다고 평가절하하기 전에 그 무한한 가능성을 스스로 교육해야 한다. 이루기 전에는 그 무엇이든 환상 아닌가? 혁신과 변화, 진보라는 꿈을 현실로 이루어낼 능력이 중요한 것이 그것 때문 아닌가? 우리 역시 무의식적으로 변화에 저항하고 있을 수 있음을 이해하지 않고서는 스스로를 진보의 일부라 진정으로 주장할 수 없다고 생각한다.

나는 내 공동체를 대표해 목소리를 낼 수 있는 공공 플랫폼을 만들어나가기 시작했다. 이야기되지 않는 것들을 말하고 싶었다. 트랜스젠더로서의 여정을 시작한 지 13년이 된 지금, 때로 타인들의 눈에는 트랜스젠더가 내 정체성의 전부인 것 같은 기분이 들 때가 있다. 대중을 상대하는 행동주의의 단점은 내가 하는 모든 일이 내게 중요한 '이슈'와 연관되어야 한다는 기대가 뒤따른다는 점이다.

패션과 뷰티 분야에서 대중이 보는 앞에서 일한 지 8년이 되었고, 비록 이 업계가 경이적인 변화를 겪었으며 나 역시 이 변화에 작은 역할을 했다는 점이 자랑스럽기는 해도, 아직 갈 길이 멀다. 지금까지 내가 어떤 일을 이루어낸 최초의 트랜스젠더로 불린 적이 많았다. 그렇기에 내가 완벽해야만 진지하게 받아들여질 거라고 느끼곤 했다. 그러다 보니 타인에게 역할 모델로 불릴 때조차, 내가 그만한 칭찬에 값할 삶을 살 수 있을지 확신이 없을 때가 많았다.

영국 역사상 패션과 뷰티 업계에서 로레알과 일한 최초의 트랜스젠더 모델, 영국판 〈보그〉 최초의 흑인 영국인 트랜스 여성 표지 모델, 영국판 〈코스모폴리탄〉 표지에 실린 최초의 트랜스 여성 표지 모델이라는 사실은 나를 긍정하는 계기가 되는 한편으로 불안하게 했다. 모든 걸 잘 해내야 하고 그건 오로지 나 자신만을 위해서가 아니라는 압박이 엄청났다. 내가 뭔가 잘못하면 나를 닮은 다른 사람들을 고용하지 않을 구실이 되고, 그렇게 그들의 편견을 정당화할지도 모른다고 느꼈다. 내 자리를 얻은 것은 기쁘지만, 지금의 내 현실이 영국은 물론 세상 대부분의 트랜스젠더들이 살아가는 현실을 완전히 대표한다고는 할 수 없다. 내게 새로이 주어진 접근, 재정, 안전, 고용의 특권 속에서 나는 여전히 나의 길을 찾아가려 애쓴다. 이 특권 때문에 완전히 다른 사람이 되어버리는 건 원치 않으니까.

자신들이 트랜스젠더 공동체를 지지한다는 걸 내세우면서도 그 말을 입증할 유일한 증거라고는 내가 거둔 개인적 성공밖에 없는 이 화려한 업계에서 내가 진실함이나 진정성을 느끼지 못한 지 오래다. 만에 하나 이 업계에 진정성이 있다고 한들, 그것만으론 충분하지 않다. 업계에 나 혼자뿐일 때도 충분하지 않았고, 우리 같은 사람이 고작 한 줌쯤 있는 지금도 여전히 충분치 않다. 때로는 브랜드가 나를 끌어들여 영합할 구실을 내가 만들어주었다는 생각도 든다. 그럼에도 내 시스젠더 동료들에 비해서는 터무니없이 적은 소득에 지출이나 비용은 다를 바 없이 살면서 대중에게 너무나 잘 알려진 삶을 헤쳐나가야 하기 때문에 그냥 내버려둔다.

그러다 보니 어느새 나는 내가 하는 말을, 내가 하는 생각을 검열하고 있었고 때로는 내 말이 고용주에게 적절하게 보일까 질문하게 되었다. 또 내가 신경을 쓰는 모든 문제 하나하나에 대해 발언할 수 없다는 사실도 깨달았지만, 목소리를 내는 사람이 오로지 나밖에 없으니 사람들은 내가 발언하기를 기대했다. 한참 동안 때때로 어떤 상황에서는 이용당한 기분이 든다 해도 내 공동체를 대표하고 가시성을 높일 수 있다는 점에 엄청난 자부심과 기쁨을 느꼈다. 그러나 시간이 지나자, 스스로를 돌아보며 이런 질문을 하게 됐다. "난 누구지?" "이건 내 진심일까, 아니면 가시화되고자 하는 목적에서 주어진 역할을 수행하는 것뿐일까?" 그러면서 좀 더 다른 방식으로 존재하고 일할 수 있는 길이 있지 않을까 생각하기 시작했다. 나는 내가 대중의 구미에 맞는 영국 내 흑인 트랜스 여성이 되어야 한다는 압박을 내면화하며 나 자신을 주류와 동화시키고 있다는 기분을 느끼기 시작했다.

내게는 나 자신이 트랜스젠더라는 사실을 숨길 의도가 없지만 업계, 그러니까 젠더, 섹슈얼리티, 정체성이 중심이 되지 않는 분야의 트랜스젠더들에게 주어지는 기회가 너무나 적다는 사실은 좌절스러울 정도다. 만약 트랜스젠더에게 플랫폼이 주어지고 그들이 자기 일을 잘하기 때문에, 또는 특정 분야에 흥미가 있기 때문에 프로젝트에 참여할 수 있는 기회가 생긴다면 정말 좋을 것 같았다.

내 일을 하는 와중에 이 일이 지니는 모든 의미에 대해 말해야 한다니 할 일이 두 배였다. 내 시스젠더 동료들은 나와 똑같은 일을 하면서도 계약을 할 때마다 자신의 정체성에 대해 대화할 필요가 없다. 시스젠더 여성들이 여성으로 사는 일에 관해 끊임없이 이야기해야만 하는 상황에 처하고 싶어하지 않는다는 덴 모두가 합의를 이루었는데, 우리는 왜 그래야 하나? 그러나 우리는 여전히 우리의 차이를 셀링 포인트로 이용하지 않으면 이런 장소에 초대되지 못한다. 이런 대화들은 꼭 필요한 것이지만, 대체 언제쯤 여기를 넘어설 수 있을지, 넘어설 수 있기는 한지 생각할 때면 좌절감을 느끼게 된다. 소수자들은 누군가를 대표할 때만 포함될 수 있는 걸까, 아니면 우리도 진정한 포용을 향해 나아갈 수 있을까?

행동주의로부터 물러서려는 것이 아니다. 나는 이제는 무겁게만 느껴지는 기대를 내려놓고 싶다. 더는 사회를 위한 것으로도, 나를 위한 것으로도 느껴지지 않는, 타인의 생각에 따라 행동해야 한다는 기대 말이다. 나는 소셜미디어에서 폰새김을 떨치고 싶지도 않고, 잠잘 때를 빼고 온갖 이슈에 대한 온갖 생각을 전부 다 공유하고 싶지도 않다. 내 어떤 모습을 타인을 위해 수행한다는 함정에 빠지는 대가로 내가 행복할 수 있는 충만한 삶을 희생하고 싶지도 않다.

○ ○ ○

이제 난 혼란에 지쳐 평화를 누리고 싶은 것 같다. 그러고 보면, 나는 늘 어느 정도 혼돈 속에서 살았다. 어린 시절의 내적 혼돈은 밤 문화가 지닌 외적 혼돈이 되었고, 나중에는 미디어의 혼돈으로 이어졌다. 팬데믹이 시작된 뒤, 여러 면에서 내 삶이 객관적으로 긍정적이었음에도 불구하고 나는 공황발작을 겪었고, 생각들은 억누를 수 없이 내달렸다. 세상이 멈추며 방해요소가 사라지자 나는 처음으로 외적 혼돈으로부터 자유로워졌고, 그러자 오랫동안 내 몸속에 축적하고 억눌러온 트라우마가 고스란히 되살아났다.

길을 지날 때도 표적이 되었고, 후에는 상원의원에게도 비난의 표적이 되었던 일, 생방송에서 언어폭력을 당한 일, 강간당했던 것, 학대적인 연애들, 어린 시절 아버지에게 느낀 분노, 자해와 식이장애 경험이 한꺼번에 솟구치기 시작했다. 모든 것에, 모두에게 화가 났다. 밤이면 온몸이 땀 범벅이 되어 가위에 눌린 듯 숨을 못 쉬다가 과호흡 발작을 일으켰다. 여행 제한이 풀리자마자 휴가를 떠났다. 휴가지에 있는 동안 돌아오는 날짜에 맞춰 재활 시설을 예약했다.

내가 복합성 외상후스트레스장애를 겪고 있음을 깨달은 것은 그때였다. 자꾸만 부모에게 화가 났고, 어린 시절에 그런 일들을 겪지 않았더라면 내 삶이 얼마나 나아졌을까 하는 생각이 머리를 떠나지 않았다. 내 커리어 대부분은 내 경험을 중심에 두고 쌓은 것이기에 치유가 더 어렵다는 사실을 깨닫게 됐다. 내가 나를 바라보는 방식은 내 트라우마와 너무 근접해 있었다. 나는 이 모든 것을 뒤로 하고 내 삶의 다음 단계로 전환할 방법을 고민했다. 재활 시설을 찾은 것이 내 삶의 새 시대를 열 시작이 될 것 같았다. 나는 트라우마로 정의되지 않고, 내가 트라우마와 별개로 존재할 수 있는 삶을 살고 싶었다. 나는 치유되고 싶었다.

때로 지금의 내 모습으로 과거로 돌아가 어린 나에게 언젠가 지금 꾸는 꿈을 이룰 수 있다고, 하지만 그 꿈을 이루고 행복해지기 위해서는 내가 내 편이 되어야 한다고 말해주고 싶다. 학교 화장실에 몰래 숨어 읽던 영국판 〈보그〉 표지에 등장할 뿐 아니라 객원 편집자로 이름을 싣기까지 할 것이라고 말해주고 싶다. 같은 해에 내가 〈코스모폴리탄〉 표지를 장식한 최초의 트랜스 여성이 된다는 이야기도 말이다. 나는 어린 내게 꿈을 잃지 말라고, 나 같은 사람도 그 꿈을 이룰 수 있다고, 또 내가 타인들이 그 꿈을 더 쉽게 이룰 수 있도록 도와주는 사람이 된다고 말해주고 싶다.

트라우마는 우리를 과거에 묶어놓는다. 이 책을 쓰면서, 가만히 앉아 내 삶의 가장 힘겨운 순간들을 생생하게 떠올린 뒤에야 내게 앞으로 나아가는 게 얼마나 어려웠는지, 용서하기가 얼마나 어려웠는지, 때로는 불확실성과 개인적 변화를 받아들이기를 얼마나 머뭇거렸고 내가 할 수 있는 일이 아닌 내게 닥친 일로 스스로를 정의해온 적이 얼마나 많았는지를 깨닫게 되었다. 그 과정에서 내 트라우마가 나와 내 과거의 행동을 형성한 것은 맞지만, 그렇다고 내 미래까지 형성할 필요는 없음을 알았다. 더는 트라우마에게 그런 힘을 실어주지 않을 것이다.

동시에 나를 아프게 한 개개인에게 화를 내기보다는 이런 해악이 일어나게 만드는 사회구조에 다시금 집중하는 것이 내 에너지와 목적의식을 더욱 잘 쓰는 방법임을 알았다. 가족을 해체하고, 부모가 아이를 완전한 모습으로 바라볼 수도, 아이가 진정한 자신이 될 수도 없게 만들고, 훗날 돌아보며 힘을 얻을 어린 시절을 앗아가는 체계적 퀴어 혐오와 사회적 낙인에 화가 난다.

내 회복 과정에서 가장 필요했고, 보람찼고, 또 치유가 된 일은 부모님과의 관계를 다시금 다진 것이었다. 용서는 어려울 때가 많았다. 과거의 나는 힘든 기억을 지우거나, 특정 감정을 느끼지 않도록 스스로를 억누르거나, 잘못한 사람이 더는 존재하지 않는 셈 치는 식으로 잊어버리기를 택할 때가 많았다. 내가 인정하건 아니건, 행복과 자기 보전을 추구하기 위해 내가 손쉽게 선택한 방법은 부정이었다. 그러나 부정은 지속 가능한 전술이 아니다. 앞으로 나아가고 치유되고 싶다면 트라우마의 무의식적 무게를 그대로 진 채 도망치는 것보다 정면으로 맞서는 것을 택해야 한다.

나는 아직도 아버지가 어린 시절 나를 대하던 방식이 잘못되었다고 믿지만, 지금은 아버지 역시도 그 사실을 안다. 소원한 사이가 주는 상처를 지속하는 것보다는 함께 치유되는 것이 나의 내면 아이, 그리고 어른이 된 내 영혼을 살찌우는 일이다. 나는 나 자신을 위해서도, 미래의 내 아이를 위해서도, 혹시 생길지도 모르는 내 아이의 아이들을 위해서도 가족과 가까이 지내고 싶다. 마찬가지로, 나는 내 어머니가 내 커밍아웃 앞에서 보인 반응이 잘못되었다고 믿지만, 지금은 엄마 역시도 나와 같은 생각이기에 나는 이렇게 발전한 엄마가 자랑스럽다. 또, 지금의 나를 어머니가 자랑스러워할 수 있게, 우리가 앞으로도 계속 함께 성장할 수 있게 하고 싶다.

과거에 한 발, 현재에 한 발을 걸친 채로는 완전히 치유될 수 없다. 과거의 감정으로부터 놓여나지 않으면 앞으로 나아갈 수 없다. 어느 순간에건 치유는 일어나야 하고, 용서로 지금 우리가 느끼는 감정을 변화시켜야 한다. 그러나 이런 변화는 서로가 타협점에 도달한 뒤에야 가능한 것이기에, 나는 우리 가족이 타협점을 찾은 게 얼마나 기쁜지 모르겠다.

내 삶의 운전석에 앉은 사람이 바로 나라는 걸, 운전대는 내 눈앞에 있으며, 양손으로 운전대를 움켜쥐고 무언가에 대한 반응이 아닌 나만의 의도를 품은 채로 원하는 곳으로 가는 데는 어느 누구의 허락도 필요없다는 걸 깨닫기까지 긴 시간이 걸렸다. 진부한 말처럼 들리겠지만, 행복은 목적지에 놓인 목표로만 남아 있어서는 안 된다는 걸 알게 됐다. '만약에'라는 말에 의지해서도 안 된다. 만약에 내가 그 도시로 간다면, 만약에 이 수술을 받는다면, 만약에 이 파트너를 만난다면, 만약에 내가 이 영광을 얻는다면, 만약에, 만약에, 만약에. 이런 '만약에' 중 하나를 이룬다고 해도 우리가 도망치고 싶어하는 것, 즉 우리 자신을 바로잡지 못한다면, 결국 또 다른 '만약에'가 등장하고 만다.

행복은 저 멀리 있는 것이 아니다. 지금, 여기에 있다. 행복은 지금 이 순간에 존재하는 것이며, 그 원천은 바로 우리다.

나는 과거에 일어난 부정적 사건이나 실수로 나를 정의하고 싶지 않다. 그러니 타인, 특히 성장하고 치유하고자 하는 의도를 지닌 이들을 과거의 실수로 평가하는 것 역시 아무에게도 도움이 안 되는 일이다. 그러면 우리 모두의 상처와 트라우마가 이어질 뿐이다. 인간은 애초부터 불완전하기에, 타인이 언제나 최선의 모습이 아니라는 걸 받아들임으로써 나 역시 불완전하다는 걸 알 수 있었다. 그건 우리 모두 감내해야 하는 과정이다. 나는 용서나 이해의 가능성을 부정하며 내 성장을 막기보다는, 불완전하지만 변화의 의지를 품은 타인들과 함께하기로 했다.

나는 나 자신과 더욱더 깊이 연결되어 지금의 나 자신이 누구인지, 내가 우리의 담론을 어떻게 앞으로 나아가게 할 수 있는지 알고 싶다. 내게는 충만하게 살고 싶은 의지가, 나 같은 여성이 무슨 일을 할 수 있는지 온 세상에 보여주고 싶은 의욕이 넘친다. 내가 가진 행동주의란 결국 내가 누구인지 깨닫고 내가 이루고 싶은 것들의 경계를 변화시키는 것이다. 분명한 게 있다면, 그건 모든 건 변한다는 것이다. 영영 변치 않는 사람은 없다. 어떤 방식으로건, 우리는 모두 트랜지션한다.

젠더를 바꾼다는 것

초판 발행   2024년 5월 27일

지은이   먼로 버그도프
옮긴이   송섬별
펴낸이   김정순
책임편집   김유라
편집   신원제
마케팅   이보민 양혜림 손아영

펴낸곳   (주)북하우스 퍼블리셔스
출판등록   1997년 9월 23일 제406-2003-055호
주소   04043 서울시 마포구 양화로 12길 16-9(서교동 북앤빌딩)
전자우편   editor@bookhouse.co.kr
홈페이지   www.bookhouse.co.kr
전화번호   02-3144-3123
팩스   02-3144-3121

ISBN   979-11-6405-252-3   03330